KB198981

성공은
이미
*
내 안에
있다

Originally published in the USA by

생각을 현실로 만드는

긍정적 마인드셋

성공은 이미 * 내 안에 있다

얼 나이팅게일 지음

최은아 옮김

인생을 반전시킬 열쇠는 이미 당신 안에 있다!

보이지 않는 힘

강연차 두바이로 가는 비행기 안, 공항에 오기 직전까지 바빴던 터라 10시간이 넘는 비행길에는 잠깐이라도 눈을 붙이고 싶었다. 그런데 웬걸. 그 오랜 비행시간 동안 단 한숨도 잘 수 없었다. 새로 출간되는 얼 나이팅게일의 책이 궁금해 이 책을 펼친 순간, 내 심장은 세차게 뛰기 시작했다.《성공은 이미 내 안에 있다》의 한 문장, 한 마디들이 내 가슴에 줄줄이 꽂혔다. 얼 나이팅게일이 말하는 성공의 정수가 와 닿아 정신없이 줄을 긋고, 별표를 치고, 메모를 하다 보니 시간 가는 줄을 몰랐고, 어느새 나는 이미 두바이에 도착해 있었다. “와, 정말 찐 중에 찐이다!”라는 감탄사가 내

입에서 연신 흘러나왔다.

2009년 미국 플로리다 트레이닝 현장에서, 나의 스승인 밥 프록터Bob Proctor는 과거 30대 때, 얼 나이팅게일과 함께 일하며 얼에게 배웠던 가르침에 대해 자주 이야기하곤 했다. 이 책을 읽으며 왜 밥 프록터가 백만장자의 목표를 이루고도, 그 모든 사업을 접고 얼 나이팅게일의 회사로 들어가서 다시 배우기 시작했는지가 더욱 가슴으로 느껴졌다. 가난했고, 아팠고, 태도 또한 좋지 않았던 밥 프록터는 고등학교에서 쫓겨났을 때 자신을 포기했었다고 했다. 자신에 대한 어떤 기대도, 목표도 없었던 그는 나폴레온 힐Napoleon Hill의 책을 읽은지 3년 만에 자신의 사업체를 일구어 백만장자가 되었지만 그때도 밥 자신은 이해할 수 없었다고 한다. 왜 쓸모없었던 자신 같은 사람이 이 부를 이루어 낼 수 있었는지 말이다. 그는 성공의 이유에 대한 궁금증과 열망이 갈수록 커져서, 결국 잘나가던 사업을 접고 얼 나이팅게일이 설립한 나이팅게일 코넌트사Nightingale-Conant Corporation로 달려가 얼 밑에서 일을 하게 된다. 8년간 그의 곁에서 일하며 성공 철학을 깊이 있게 배운 덕에, 밥은 자신이 성공할 수밖에 없었던 이유를 깨닫게 되었다. 눈에 보이지 않는 마인드셋이 어떻게 성공을 이끌어내는지를 알아낸 그는 자신의 프로그램을 만들어 전 세계 수백만 명에게 부와 성공의 원리를 전파한 멘토 중의 멘토가 되었다.

얼 나이팅게일은 밥 프록터뿐 아니라 세계적인 구루라고 불리는 많은 이들에게 정신적 영향을 주었다. 많은 이들이 그를 만나 성공의 비밀을 듣고 싶어 했지만, 오랜 세월이 지난 지금은 책을 통해 쉽게 얼 나이팅게일의 성공 마인드셋의 핵심과 정수를 흡수할 수 있으니 감사한 일이다. 그 덕에 한국 사람들에게도 얼 나이팅게일의 메시지가 이렇게 전해지고 있으니 말이다. 그렇기에 이 책의 가치를 느끼면서 읽는다면, 그 의미 하나하나를 마음에 더욱 새길 수 있을 것이다.

이 책을 든 당신, 변화하고 싶은가?

스물두 살 어린 시절, 가난과 우울 속 죽고 싶은 답답한 마음에 정치인도 답을 얻으러 간다는 용하다는 점집을 찾아갔을 때가 생각난다.

"사막을 홀로 외로이 걸어가고 있는 격이구나. 초년운, 중년운 다 아주 꽉꽉 막혀 있으니까 마음을 비우고 그냥 살아. 답답하고 힘들어도 받아들여야 해. 그러면 47세부터는 좋아질 수도 있지만 기대하지는 않는 게 정신 건강에 좋을 거야."

해답을 찾아 갔던 그곳에서 들었던 이 말이 아주 오랫동안 머릿속에서 떠나질 않아서 참 많이 괴로웠었다. "너는 어떻게 해서든 지옥! 앞으로 뭘 해도 지옥!"이라는 악담을 들은 이상 무슨 희망이 있겠는가? 내 마음은 이미 지옥이었다. 청천벽력 같은 소리에 내 마음은 저 땅끝까지 무너져 내렸다. 하지만 내가 만약 그 점쟁이의 말과 운명론을 끝까지 믿었다면 지금 이 자리에 있을 수 없었을 것이며, 이렇게 얼 나이팅게일의 책에 두 번째로 대표 추천사도 쓸 수 없었을 것이다.

'부정 덩어리'였던 시절, 나는 모든 고통의 원인을 가정환경의 탓, 가난의 탓으로 돌리곤 했다. '왜 하필 나야?'라는 생각에 원망이 많았고 피해의식이 가득했다. 내가 바라보는 세상은 고통과 문제투성이였다. 그때 조금이라도 빨리 누군가가 이런 좋은 책을 읽어보라고 권유했다면, 수없이 불안했던 나날들의 시행착오를 줄일 수 있었을 것이고, 훨씬 더 확고한 마인드로 행복하게 삶을 즐길 수 있었을 것이다.

인생에서 변화를 일으키는 동기는 두 가지라고 한다. 그중 하나가 '고통'이다. 인생의 밑바닥을 쳤을 때, 지긋지긋한 현실에서 더 이상 떨어질 곳이 없을 때, 그때가 변화할 수 있는 절호의 기회다. 이 책을 든 당신, 변화하고 싶은가? 상황이 내 마음처럼 돌아가지 않아 힘든가? 절망적인가? 혹시 '내 인생이 그렇지 뭐'라며 체념하고 있는가? 그렇다면《성공은 이미 내 안에 있다》를 끝까지 한 번만이라도 완독하라고 추천하고 싶다. 책을 펼친 순간부터 당신의 심장이 뛰기 시작할 것이다. 어디서부터 어떻게 바꿔야 할지 보이기 시작할 것이다.

사람은 생각하는 대로 된다 We become what we think about

얼 나이팅게일이 찾아 헤맸던 성공의 비밀, '사람은 생각하는 대로 된다'는 그를 대표하는 문장이기도 하고, 그의 세계적인 베스트셀러 책 제목이기도 하다. 누구나 들어봤을 법한 유명한 말이고, 바뀌지 않는 진리 중 진리다. 이 말 그대로 우리 자신은 우리가 그간 생각해 왔던 그대로 지금의 자신이 되었고, 앞으로 역시 내가 생각하는 그대로 될 것이다. 이것이 바로 지난 6000년간 모든 유명한 사상가와 철학자, 현자들이 동의한 부분이다.

아주 단순해 보이는 말이지만 그리 쉽지는 않다. 우리는 단 한 번도 어떻게 생각해야 하는지 배워 본 적이 없기 때문이다. 학교나 어떤 교육기관에서도 생각하는 법을 배운 적이 없다. 암기 위주의 주입식 교육만 받아 왔을 뿐, 어떻게 생각해야 하는지는 배우지 않았다.

세상이 내 모든 것을 빼앗고, 나에게 최악의 세상을 주었더라도 나에게는 절대 빼앗길 수 없는 한 가지가 있음을 우리는 기억해야 한다. 그것은 바로 그 상황을 어떻게 받아들일지에 대한 나의 선택권이다. 인간에게서 그 누구도 앗아갈 수 없는 권리는 주어진 상황에서 자신의 태도를 결정할 자유이다. 이 책에 나오는 빅터 프랭클Viktor Emil Frankl이 매일 수없이 사람이 죽어 나가는 죽음의 수용소에서도 마음이 자유롭게 되어 자신이 원하는 대로 이리저리 돌아다니고, 새처럼 자유로워질 수 있었던 것도 자신의 생각과 태도를 통제하기 시작하면서부터였다.

환경이 나를 지배하게 할 것인가? 내가 환경을 지배할 것인가? 인간만이 가진 특권, 상황을 어떻게 받아들일지를 선택함으로써 그 상황을 바꿀 수 있는 특권은 보이지 않는 마인드셋을 바꾸는 것에서 시작된다. 이 책을 집어 첫 장을 펼쳐 든 당신도, 지금 어떤 상황에 있느냐가 아니라 어떤 생각을 선택하느냐에 따라 오늘부터 삶의 방향이 바뀌게 된다.

성공하고 싶은 당신께

당신에게 성공이란 무엇인가? 가난하고 처절했던 어린 시절, 나는 미치도록 성공하고 싶었다. 그런데 아무리 발버둥 쳐도 성공은 나와 점점 멀어지는 것 같았다. 그 당시, 내 성공의 기준은 다른 사람들이 바라보는 성공의 기준에 맞춰져 있었다. 남들이 말하는 좋은 차, 좋은 집, 돈, 권력, 명예가 성공의 기준이었다.

남들의 눈에 모든 성공의 기준을 맞추다 보니 어느새 나는 남을 위한 인생을 살고 있었다. 보여지는 모습에 치중하다 보니 신경이 점점 예민해지고 스트레스가 가득 차서 내 감정이 제대로 컨트롤되지 않았다. 나에게 성공은 완전한 성취, 모든 것이 완벽하게 갖춰진 채로 보여져야 하는 성과였다. 그래서 더 나를 몰아붙였고, 그럴수록 나는 더더욱 힘들었다. 그때 나는 남들에게 보여지는 성공의 기준만 만족하는 성공은 불구의 성공임을 깨달았다.

> **"Success is the progressive realization of a worthy goal or ideal."**
>
> **—Earl Nightingale**
>
> **"성공이란 가치 있는 목표나 이상을 점진적으로 이루어가는 과정이다."**
>
> **—얼 나이팅게일**

밥 프록터가 미국 트레이닝 현장에서 얼의 위 성공의 정의만큼 완벽한 정의는 없다고 강조했을 때만 해도, 머리로는 이해하면서도 가슴으로는 완전히 이해가 되지 않았다. 그런데, 15년간 한 길만을 걸어오며 얼이 말하는 성공이 무엇인지를 비로소 가슴속 깊이 깨닫게 되었다. "성공이란 가치 있는 목표나 이상을 점진적으로 이루어가는 과정이다."

가장 첫 번째는 나 자신에게 가치 있는 목표나 이상을 먼저 찾는 것이다. 다른 사람이 아닌, 나에게 중요하고 내가 행복한 목표를 찾아야 한다. 두 번째는 그것을 향해 매일 조금씩이라도 성장하고 나아가는 것이다. 그 발걸음 하나하나의 과정 자체가 성공이다. 자신의 인생 지도에 가고자 하는 방향을 명확하게 표시하고, 그 방향을 향해 나답게 성장하는 과정을 매일 즐긴다면, 그보다 더 좋을 수 있으랴? 매일의 행복한 '점'을 찍는 발걸음이 모였을 때, 결국 큰 '면'을 만들 수 있는 것이다.

《성공은 이미 내 안에 있다》에서 얼 나이팅게일은 또다시 강조한다. 성공은 성취에 있는 것이 아니라고. 성공은 노력하고 확장하고 시도하는 데 있고, 스스로 가치 있게 여기는 행동을 계획하고 목표를 이루기 위해 나아가는 사람은 그 즉시 성공한 사람이 된다고. 당신이 이 책을 읽고 당신만의 행복한 목표를 세워 일단 실행한다면 당신은 이미 성공 궤도에 오른 것이다. 진정한 성공은 성취의 끝이 아닌, 매 순간 성장의 즐거움을 느끼는 과정임을 기억하며 나아간다면, 당신의 하루하루는 더욱 소중한 순간이 될 것이다.

얼 나이팅게일이 이 책에서 말했듯, 당신에게는 상황을 바꿀 힘이 있고 이 지구상에서 당신만이 그 힘을 가진 유일한 존재이다.

기억하자.

"성공은 이미 당신 안에 있다!"

2024년 11월

두바이에서 풍요의 기운을 담아

조성희, 마인드파워 스쿨 대표

밥 프록터 한국 유일 비즈니스 파트너

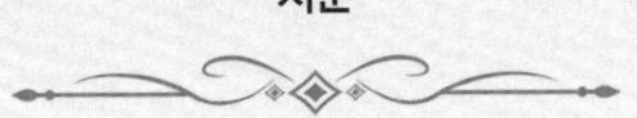

우리는 현실을 스스로 창조한다

역사상 가장 유명한 라디오 방송 진행자인 얼 나이팅게일은 오랜 세월에 걸쳐 입증된 성공 전략을 전파하는 일에 평생을 바쳤다. 나이팅게일에게 정서적, 관계적, 재정적인 성공을 결정하는 가장 중요한 요소는 집안 배경이나 명문대 학위가 아니었다. 행운이나 금융 지식, 인맥도 성공의 절대적 요소는 아니었다. 중요한 건 바로 마인드셋mindset이었다. 성공과 실패를 대하는 관점, 꺾이지 않는 의지, 삶을 진정으로 즐기는 자세가 성공한 사람과 실패한 사람을 가른다. 나이팅게일의 말에 따르면, 올바른 관점을 지니면 금전적 부는 물론이고 그가 최고의 성공으로 여기는 자아실현도 이룰 수 있다. 자아실현을 이룬 사람은 정서적으로 안정되어 있고 능력을 발휘한다. 또 인지부조화를 겪지 않고 삶의 기쁨을 앗아가는 많은 스트레스 요인을 제거하여 번영하는 삶을 살 수 있다.

나이팅게일은 환경이 어떻든 올바른 마인드셋을 지니면 궁극적 자유가 보장된다고 믿었다. 필요한 건 단 하나, **열정**이다. 삶에 대한 열정, 즉 삶이라는 여정 속에서 상황을 스스로 통제할 수 있고 실수나 불행한 사건으로 인해 흔들리지 않는다는 믿음만 있으면 된다. 이 책에 담긴 메시지를 통해 자세하게 전달하겠지만 열정은 여러 방법을 통해 쉽게 키울 수 있다. 그런 방법 중에는 배움, 긍정적 상상, 건강한 인간관계 유지, 지속적인 목표 추구 등이 있다. 나이팅게일의 말처럼, "성공은 성취에 있는 게 아니다. 목표에 도달하려고 최선을 다해 노력하며 시도할 때 성공적인 삶을 살게 된다." 다시 말해서 삶의 여정을 향해 마음의 문을 활짝 연다면, 그러니까 한 발자국씩 내디디면서 그 과정에서 경이로움을 찾고 거기에 감사한다면 만족스럽고 성공적인 삶을 살 수 있다.

《성공은 이미 내 안에 있다Transformational Living》는 1993년 나이팅게일 코넌트사Nightingale-Conant Corporation가 100개가 넘는 나이팅게일의 오디오 대본을 모아 출간한 《성공의 정수The Essence of Success》를 다시 정리한 책이다. 공동 저자인 클레멘트 스톤W. Clement Stone은 서문에서 "오디오의 대본들은 회사의 기록물 보관소에서 찾았다. 또 개인 소장품도 많이 모았다. 수많은 사람이 희귀한 녹음테이프와 대본을 가져와 당대 가장 위대한 동기 부여 연사이자 작가에게 바쳤다."라고 말했다.

계속해서 스톤은 이렇게 말했다. "나이팅게일 코넌트사는《성공의 정수》 오디오북의 낭독자로 나이팅게일의 동료 스티븐 킹Stephen D. King을 선택했다. 킹은 이 프로젝트가 처음에는 단순한 목적으로 시작되었다고 회상한다. 방송계에서 40년 이상 종사한 위대한 방송인을 진심으로 추모하기 위한 프로젝트였다. 킹의 말에 따르면 나이팅게일의 친구들과 동료들은 나이팅게일의 40년간 방송분 중 대표적인 녹음물을 모으기 시작했다. 그들은 녹음테이프에서 중요한 부분을 따로 기록하고, 나이팅게일의 초기 방송 대본을 찾고, 처음 들어 보는 몇 시간짜리 그의 인터뷰 녹음테이프를 철저히 분석했다. 프로젝트는 금방 활기를 띠고 확장됐다. 킹은 이렇게 회상한다. '기록물을 수집하면 할수록 사람들은 더 많은 기록물을 찾고 싶어 했다. 라디오 방송을 오랜 세월 들어 온 청취자들이 프로젝트 소식을 듣고 희귀한 녹음테이프들과 대본들을 기증했다.' 그렇게 해서 모은 것들이 나이팅게일을 추모하는 수준 이상의 결과를 만들었다."

《성공의 정수》에 담긴 메시지, 즉 성공 마인드셋을 기르기 위한 조언이 이 책으로 편집되어 다시 탄생해 인생을 바꾸는 힘을 전해 준다. 이 책을 잘 활용하면 당신은 현재의 사고방식을 점검하여 '생존을 위한 삶'에서 벗어나 진정한 의미의 '활기찬 삶'을 살 수 있게 될 것이다. 혹시 당신도 날마다 마땅히 누려야 할 즐거움을 얻지 못하는가? 걱정이나 두려움, 의심을 극복해야 한다는 생각이 드는가? 당신의 자아상이나 관점이 목표 달성을 방해하는가? 그렇다면《성공은 이미 내 안에 있다》가 당신에게 딱 맞는 도구들을 제시할 것이다. 그 도구들을 잘 활용한다면 삶을 대하는 관점을 재정립하고 삶에서 더 많은 기쁨을 얻을 수 있을 것이다.

어떤 마인드셋을 지니느냐에 따라 개인의 경험은 달라진다. 또 마인드셋은 당신이 세상과 어떤 관계를 맺게 되는지에도 결정적 역할을 한다. 이 책에 담긴 한 가지 이야기는 마인드셋의 힘을 잘 보여 준다. 스톤은 이렇게 말한다. "나이팅게일의 기록물 중 내가 가장 좋아하는 이야기는 칼 샌드버그Carl Sandburg의 캔자스주 농부 이야기다. 인생의 중대한 수수께끼들을 곰곰이 생각하던 농부는 어느 날 지붕 있는 마차를 타고 온 낯선 사람의 질문을 받았다. '이곳에 사는 사람들은 어떤 사람들입니까?' 이 질문에 농부는 되물었다. '이봐요. 당신이 살던 곳의 사람들은 어떤 사람들이었습니까?' 낯선 사람은 '음, 내가 사는 곳의 사람들은 대부분 비열하고 거짓말을 밥 먹듯이 하죠. 남의 물건을 아무렇지도 않게 훔치고 한심하게 잡담이나 나누며 남들 흉이나 본다오.'라고 말했다. 이 말에 농부는 대답했다. '그렇군요. 당신이 이곳에서 만나는 사람들도 그런 사람들일 것 같소.'

마차를 탄 사람이 시야에서 사라지자 또 다른 사람이 나타나 생각에 잠겨 있는 농부에게 같은 질문을 했다. 농부 역시 같은 질문으로 되물었다. '당신이 살던 곳의 사람들은 어떤 사람들이었습니까?' 그 사람은 이렇게 말했다. '품위 있고 성실하고 법을 잘 지키고 친절한 사람들이 대부분이었죠.' 그러자 농부는 앞서 말한 대로 말했다. '그렇군요. 당신이 이곳에서 만나는 사람들도 그런 사람들일 것 같소.'

나이팅게일은 우리가 현실을 스스로 창조한다는 사실을 그만의 특유한 방식으로 설명한다. 그는 말했다. '우리 각자의 세상은 우리가 세상을 어떻게 보느냐에 따라 달라질 것이다. 세상은 우리가 기대하는 대로 된다. 우리는 자신의 환경을 스스로 창조한다.'"

많은 사람들은 어른이 되면서 삶에 대한 사랑을 잃어버린다. 하지만 이 책은 그 사랑을 다시 찾게 해 줄 것이다. 이 책을 읽고 나면 삶의 찬란함을 다시 얻을 것이며 호기심과 긍정적인 생각, 감사하는 태도가 지닌 힘을 두 번 다시는 과소평가하지 않게 될 것이다.

차례

3장 * 내면 세계를 관리하라

4장 * 아이디어를 찾아라

5장 * 성공할 용기를 내라

6장 * 끈기를 잃지 말라

7장 * 과감히 위험을 감수하라

8장 * 긍정적 마인드셋을 갖춰라

1장

인생을 어떻게 바라볼 것인가

"현실을 창조하는 개인은 자신이
어떤 모습으로 살아갈지를 스스로 정한다."

당신은 어떤 토끼를 쫓겠는가?

버나드 레빈Bernard Levin이 〈뉴욕타임스The New York Times〉에 '활기 예찬Praise of Exuberance'이라는 탁월한 글을 기고한 적이 있다. 그 글을 읽으면서 나는 그가 걱정하는 것처럼 현대 사회에서 활기와 열정이 사라지는 현상에 대해 다시 걱정하게 됐다.

그의 글을 읽고 몇 해 전에 보았던 유럽의 예술가 페르난도 크란Fernando Krahn이 그린 매우 인상적인 만화가 떠올랐다. 만화의 첫 번째 장면에서는 초등학교 저학년 정도 되는 학생들이 우르르 지하철역으로 들어온다. 지하철역으로 내려오는 아이들의 모습은 신이 나고 활기가 넘친다. 여느 아이들처럼 깔깔거리고 모자를 공중으로 던지며 장난친다. 그런데 다음 장면은 분위기가 다르다. 한 무리의 중년이 지하철역에서 나오고 있다. 그들의 표정은 좀비와 다를 바 없었다. 침울하고 지루해 보였다. 흥미나 열정이라고는 조금도 찾아볼 수 없는 표정이었다.

만화를 설명해 주는 글은 없었다. 사실 설명이 필요 없었다. 묘사된 그림 자체가 이렇게 외치고 있었기 때문이다. "어른이 되면서 이들에게 도대체 무슨 일이 일어났길래 삶의 재미가 흔적도 없이 사라졌는가?" 경이로움이 가득한 이 세상에는 다양한 선택지를 탐험하며 성장할 기회가 무궁무진하다. 그런데 대도시를 대표하는 이 어른들은(물론 소도시의 어른들도 포함이다) 누가 봐도 어디에도 흥미를 느끼지 못하는 모습이다. 그들은 이도 저도 아닌 모습으로 살고 있다. 산 것도 죽은 것도 아닌 현대인의 삶이란 이런 식이다. 이러한 삶은 '생존' 그 이상도 그 이하도 아니다. 현대인의 삶에 도대체 무슨 일이 일어난 걸까?

책임감에 짓눌려서일까? 생존을 위해 치열한 경쟁을 한 탓일까? 아무리 생각해도 열정을 잃은 이유를 찾기란 쉽지 않다. 누군가에게 "좀 더 열정적으로 살아."라고 말하면 열정이 생길까? 전혀 그렇지 않다. 그 사람의 열정의 방아쇠가 당겨지지 않으면 아무 소용이 없다.

열정을 느낄 만한 것이 전혀 없는 날들이야말로 우리 인생에서 가장 슬픈 날들이다. 무언가 중요한 일에 대한 기대가 커져야만 열정도 커질 수 있다. 그래서 열정의 강도는 천차만별이다. 일반적으로 금요일에는 사람들의 열정이 다소 커지는 경향이 있다. 그저 한 주의 마지막 날이고 자유로운 주말을 앞두고 있기 때문이다. 또 아침에 출근할 때보다 저녁에 퇴근할 때 열정이 조금 커지는 경향이 있다. 하지만 그 정도의 열정으로 행복할 수 있을까? 그렇지 않다. 이 지구에서 가장 행복한 사람은 강력한 열정을 느끼며 살아가는 사람임을 기억해야 한다.

강력한 열정을 만드는 핵심 요소는 무엇일까? 두 가지 중요한 요소가 있다. 하나는 **배움**이고, 또 하나는 **성취**이다. 새로운 걸 배우면 열정이 커진다. 크란의 만화에 등장한 아이들에게서 열정이 뿜어져 나오는 이유는 아이들은 언제나 새로운 것을 탐험하며 배우기 때문이다. 아이들은 원래 열정적인 존재다. 그래서 당연히 행복하다. 어른들이 살아가며 열정을 잃는 이유는 대개 어른이 되면 배움을 중단하기 때문이다.

학교를 졸업하면 그들은 의식적으로든 무의식적으로든 자신이 잘 알고 있다고 생각하며 살아간다. 그때부터는 무엇을 배우더라도 수동적인 학습이다. 그저 시간이 흐르고 경험이 쌓이면서 무언가를 배우게 되는 것이다. 혹은 미디어나 신문, 라디오, 텔레비전을 통해 소극적으로 배우는 게 전부다. 새로운 걸 배울 때 보통 그들은 노력을 거의 안 하거나 하더라도 최소한의 노력만 한다.

새롭고 흥미 있는 것을 배우지 않으면 쳇바퀴 돌 듯 반복적인 삶에서 벗어나지 못한다. 그런 삶은 틀에 박히고 지루하기 짝이 없다. 늘 보던 사람들만 만나며 마지 못해 하루하루를 살아간다. 그러다가 점차 혹은 순식간에 열정이 시든다.

열정의 두 번째 핵심 요소인 성취는 일반적으로 첫 번째 요소인 배움과 관련 있다. 새로운 걸 배우지 않고서 새로운 일을 성취하기란 어렵다. 성취가 골프 실력 향상이나 지하실 가구 제작에 국한되더라도 새로운 곳으로 도약하기 위해서는 반드시 새로운 걸 배워야 한다. 완벽하게 해내거나 정복하고 싶은 프로젝트가 있으면 열정이 샘솟는다. 여기서 핵심은 열망이다. 즉 '좋든 싫든 해야 하는' 프로젝트나 임무가 아니라 '몹시 하고 싶은' 일이 있어야 한다는 말이다.

토끼를 쫓는 개의 표정을 유심히 본 적이 있는가? 그처럼 행복하고 눈빛이 살아 있는 표정도 없을 것이다. 그 개는 자신의 삶에서 정말 가치 있는 일을 하고 있다. 그리고 그 일을 하면서 행복한 시간을 보내고 있다.

개는 토끼가 나타나기 전까지는 뒷마당에서 꾸벅꾸벅 졸고 있었다. 눈도 뜨지 못하고 졸던 개와 열정적으로 토끼를 쫓는 개가 같은 개라고는 생각도 못할 것이다. 이는 우리에게도 적용된다. 우리 각자에게는 다양한 모습의 토끼가 나타날 수 있다. **당신은 어떤 토끼를 신나게 쫓겠는가? 그런 토끼가 당신 삶에 나타나게 하는 건 당신 몫이다.**

각자에게 나타나는 토끼가 다양한 이유는 삶의 자세가 다 다르기 때문일 것이다. 열정적인 사람은 생기가 넘치고 환경을 통제하는 것처럼 보인다. 그리고 여러 가지 일들에 흥미를 나타낸다. 그들은 즐거운 일을 찾아 열정적으로 도전하며 성취의 만족을 누리는 사람들이다.

카페에 앉아 창밖에 지나가는 사람들을 바라보면 간혹 눈빛이 초롱초롱한 사람이 보인다. 그 사람은 힘찬 발걸음을 내디디며 두 눈에서는 빛이 난다. 그런 사람이 페르난도 크란의 만화에 등장한 어른들 사이에 있다면 금방 눈에 띌 것이다. 그런 사람은 에너지가 넘친다. 목적과 계획을 세우고 움직이며 모든 일에서 기쁨을 발견한다.

나머지 사람들은 어떨까? 초점 없이 흐릿한 눈과 지칠 대로 지친 모습으로 터벅터벅 걸어간다. 가까스로 살아남은 생존자라고 해도 좋다. 그들은 매사에 방어적인 태도를 나타내는 것 같다. 그들은 일어나는 일에 그저 반응한다. 자신에게 유리한 일이 펼쳐지도록 스스로 노력하는 법이 없다. 그들은 승리의 가능성을 포기한 채 조금이라도 덜 다치려고 방어하는 데만 급급한 권투선수나 다를 바 없다.

열정적인 사람은 자신이 어떤 위치에 있든 최절정의 삶을 누린다. 반면에 열정적이지 않은 사람은 암울한 상태에 머문다. 이들은 활기를 얻어 최상의 삶을 사는 방법을 모른다. '열정enthusiasm'이라는 단어는 '신의 영감을 받았다the god within'라는 의미를 지닌 그리스어 '엔테오스entheos'에서 유래됐다. 따라서 가장 행복하고 신나는 삶을 사는 사람들은 열정을 유지하는 비밀을 발견한 사람들, 즉 신의 영감을 받은 사람들이다.

세상은 당신이 기대하는 모습대로 펼쳐진다

시인 칼 샌드버그Carl Sandburg의 캔자스주 농부 이야기를 소개해 보려고 한다. 캔자스주에서 일찍이 땅을 경작하고 농사를 지은 농부의 이야기다. 이 농부는 문기둥에 기댄 채 끝없이 펼쳐지는 땅을 연구하고, 어떤 곡식을 심어야 내년에 많이 수확할 수 있을지 고민한 사람이었다. 그는 신이 왜 메뚜기를 만들었는지, 숨 막히는 뜨거운 바람이 이틀 연속으로 불면 왜 밀이 시들게 되는지, 자신이 곡물을 판 가격과 시카고와 뉴욕에서 그 곡물이 팔리는 가격이 왜 다른지 알려고 노력했다. 농부가 이런 문제를 골똘히 생각하고 있을 때 어느 낯선 사람이 지붕 있는 마차를 타고 나타났다.

그는 이렇게 물었다. "이곳에 사는 사람들은 어떤 사람들입니까?"

농부는 되물었다. "이봐요. 당신이 살던 곳의 사람들은 어떤 사람들이었습니까?"

낯선 사람은 이렇게 말했다. "음, 내가 사는 곳의 사람들은 대부분 비열하고 거짓말을 밥 먹듯이 하죠. 남의 물건을 아무렇지도 않게 훔치고 한심하게 잡담이나 나누며 남들 흉이나 본다오."

농부는 잠시 생각하더니 이렇게 대답했다. "그렇군요. 당신이 이곳에서 만나는 사람들도 그런 사람들일 것 같소."

낯선 사람은 먼지가 자욱한 미루나무 숲으로 들어가 시야에서 사라졌다. 그러자 또 다른 사람이 마차를 타고 나타났다.

그 사람이 물었다. "이곳에 사는 사람들은 어떤 사람들입니까?"

농부는 앞서 했던 질문을 그대로 했다. "당신이 살던 곳의 사람들은 어떤 사람들이었습니까?"

그 사람은 친절한 태도로 이렇게 말했다. "품위 있고 성실하고 법을 잘 지키고 친절한 사람들이 대부분이었죠."

그러자 농부는 앞서 말한 대로 말했다. "그렇군요. 당신이 이곳에서 만나는 사람들도 그런 사람들일 것 같소."

마차를 타고 온 두 번째 사람도 먼지가 자욱한 미루나무 숲으로 들어가 시야에서 사라졌다. 그 후 농부는 문기둥에 기대어 숨 막히는 뜨거운 바람이 이틀 연속으로 불면 왜 밀이 시들게 되는지 알아내려고 골똘히 생각했다.

노엘 맥기니스Noel McGinnis는 칼 샌드버그의 이야기가 어떤 의미인지 설명한다. 세상은 우리의 기대를 현실로 만들어 줌으로써 우리에게 협력한다는 것이다. 대표적인 사례가 바로 피해망상에 사로잡힌 사람이다. 그런 사람은 이 세상 모든 사람이 자신을 적대적으로 대한다고 의심한다. 그래서 방어적이고 공격적으로 사람을 대한다. 사람들이 그를 적대적으로 대할 수밖에 없는 방식으로 행동하는 것이다.

심리학자들은 우리의 현실이 각자의 관점, 즉 상황을 해석하는 방식에 의해 결정된다는 사실을 여러 연구를 통해 입증했다. 그러니까 있는 그대로의 현실이 아니라 자신이 생각하는 현실이 실제 현실이 된다는 것이다. 인류학자 에드워드 홀Edward T. Hall은 인간과 환경의 관계에 대한 글을 쓴 적이 있다. 그는 인간과 환경이 서로 강한 영향을 주고받는 관계라고 했다. 인간은 자신이 살아가는 세계를 실제로 창조하는 위치에 있다. **현실을 창조하는 개인은 자신이 어떤 모습으로 살아갈지를 스스로 정한다.**

칼 샌드버그, 도러시 리Dorothy Lee, 벤저민 워프Benjamin Lee Whorf, 에드워드 홀 등 수많은 학자가 자신의 현실을 창조하는 것은 바로 자기 자신이라고 강조했다. 이 말은 무슨 의미일까? 알베르트 아인슈타인의 말대로 우리 앞에 펼쳐지는 현실은 상대적이라는 의미다. 뉴턴주의Newtonian 물리학자와 달리 아인슈타인은 우주에 절대공간이나 절대시간이라는 것은 없다고 생각했다. 오히려 서로 관찰하고 해석하면서 현실이 만들어진다고 주장했다.

그렇다. 현대 인류학자 중에는 현실이 절대적이라기보다는 자기 충족적 예언에 가깝다고 말하는 학자들이 있다. 이를《자유와 문화Freedom and Culture》에서 도러시 리가 잘 설명하고 있다. 현실에 대한 이러한 주장은 당신과 내게 어떤 의미일까? 우리 각자의 세상은 우리가 세상을 바라보는 방식에 따라 달라진다는 뜻이다. 세상은 우리가 기대하는 모습대로 펼쳐진다. 내 환경의 창조자는 바로 나 자신이다.

“세상은 우리가

기대하는 모습대로 펼쳐진다.

내 환경의 창조자는

바로 나 자신이다.”

열정을 잃게 만드는 습관에서 벗어나라

새로움에 관해 곰곰이 생각해 본 적이 있는가? "새 빗자루가 청소가 잘 되네."라거나 "새사람이 되어라."라고 말할 때 여기서 새로움이란 품질이나 특성과 관련 있다. 다른 것들과 비슷하게 새로움에는 그것을 어떻게 바라보느냐에 따라 좋은 면도 있고 나쁜 면도 있다.

예를 들어 새 직장을 구한 사람은 자신이 불리한 입장에 있다고 생각할 수 있다. 무엇을 해야 할지, 일을 어떻게 해야 할지 잘 몰라 긴장될지 모른다. 때로는 주변의 돌아가는 상황에 어리둥절하기도 하다. 어쩌면 조금은 두렵기까지 할 수 있다. 하지만 경험 많은 직원과 비교해 볼 때 신입 사원만이 가질 수 있는 독특한 이점이 있다. 업무에 임하는 신입 사원의 태도는 광채가 난다. 이미 업무에 익숙한 기존 직원들에게는 없는 패기와 도전이 신입 사원에게는 있기 때문이다.

직장에 처음 출근하던 날이 기억나는가? 나는 기억난다. 마이크 앞에 처음 앉았던 날이 마치 어제 일처럼 생생하다. 낡은 냉장 창고를 라디오 스튜디오로 사용했던 터라 공간이 아주 협소했다. 하지만 그곳에 처음 출근한 날은 내 인생에서 가장 신나는 날 중 하나로 남았다. 첫날 나는 겁이 났고 긴장됐다. 작은 공간에서 공명하는 소리로 어찌나 정신이 혼미했던지 마치 머리에 양동이를 쓰고 있는 느낌이었다. 그런데도 설레는 마음으로 마이크 앞에 앉아 있었다.

당신은 어떤가? 직장에 출근한 첫날의 설렘을 지금도 유지하고 있는가? 그렇게 해야 한다. 또 그렇게 하는 게 불가능한 일이 아니다. 그런데 그렇게 하고 있는가? 우리가 저지르는 가장 흔한 실수 중 하나는 삶의 광채가 희미해지는 것을 보고도 그냥 두 손을 놔 버리는 것이다. 그러면 서서히 열정을 잃고 만다. 주의하지 않는다면 지긋지긋한 습관에서 벗어나지 못한 채 지칠 대로 지쳐 틀에 박힌 생활을 하게 될 것이다. 멍에를 메고 있는 소처럼 늘 가던 길에만 눈을 고정하고 반복되는 삶을 살아가게 되는 것이다.

쳇바퀴 같은 삶을 사는 사람들은 그런 삶이 출구가 없는 무덤이나 마찬가지라는 사실을 깨닫지 못한다. 그렇게 무덤이나 다

틈없는 틀에 박힌 삶을 어떻게 피할 수 있을까? 세월의 흐름이나 익숙함으로 인해 열정과 생기가 시드는 걸 막을 방법이 있을까? 열정적이고 찬란한 삶을 어떻게 유지할 수 있을까? 자주 잊기는 하지만 우리가 이미 알고 있는 사실을 기억해 내면 답을 얻을 수 있다.

시카고의 한 기업 임원이 일하면서 어떻게 열정을 유지했는지, 경력 초기에 어떻게 번아웃을 피했는지 내게 말해 준 적이 있다. 그는 자사의 제품이나 서비스에 너무 익숙해지거나 잠재 고객 혹은 동료가 부정적 의견을 쏟아 내면 자신이 파는 상품에 대한 열정이 식기 시작한다고 했다. 하지만 그는 그럴 때마다 우수 고객 중 한 명에게 전화를 걸었다. 그리고 고객과 통화를 하면서 자사의 상품이 고객에게 얼마나 놀라운 유익을 주는지 다시 확인할 수 있었다. 그러면 그 임원은 자신에 대해, 자신의 영업 능력에 대해, 새로운 잠재 고객에게 줄 수 있는 유익에 대해 다시 자신감을 얻어 업무에 매진할 수 있었다.

물론 일상적인 업무들은 오래된 습관처럼 느껴질 수 있다. 하지만 우리에게는 너무 익숙한 제품이나 서비스라도 그것을 간절히 기다리는 고객이 있다는 사실을 기억해야 한다. 물론 모든 상품에 고객의 관심을 기대하기는 무리다. 하지만 고객은 자신이 돈을 지불해 구매하려는 품목에는 관심을 기울인다.

우리는 자신의 업무에 무심해져서는 안 된다. 당신이 제공하는

제품이나 서비스를 행복한 고객의 눈으로 다시 바라보라. 그러면 자신의 업무에서 생기를 되찾게 될 것이다.

사람들은 날마다 무대에 선다. 브로드웨이의 배우처럼 매주, 매일 똑같은 말과 행동을 해야 할 때가 있다. 프로 배우는 대사와 동작을 익히고 공연이 계속되는 동안 매일 심지어는 하루에도 두어 번씩 자신이 맡은 배역을 연기한다. 배우가 자신의 배역에 지루함을 느끼지 않는 것처럼 우리도 반복되는 업무에 지루함을 느끼지 않으려고 노력해야 한다. 배우는 어떤 관객이든 자신의 공연을 처음 본다는 사실을 잘 알고 있다. 배우가 반복해서 하는 대사나 동작이 관객에게는 전혀 지루하지 않다.

배우는 어떻게 자신의 공연에서 열정과 설렘을 유지하는 걸까? 비결은 자신이 맡은 배역을 연구하고 연습하는 데 있다. 그러면 계속 더 나은 연기를 펼칠 수 있다. 배우는 공연 기간에는 자신이 맡은 배역으로 살아간다. 무대에서 언제 어느 순간에 말하고 동작할지 끊임없이 분석해 더 나은 연기를 보여 준다. 또 대사의 의미를 온전히 전달하기 위한 노력을 멈추지 않는다.

우리는 모두 사람을 상대하는 일을 한다. 그래서 삶의 가장 귀중한 교훈을 직접 배울 기회가 날마다 있다. 사람들과 잘 지내는 방법, 함께 일하는 사람과 친구가 되는 방법, 나와 다른 사람 모두에게 유익한 결정을 내리기 위해 사람들을 설득하는 방법 등을 우리는 사람을 상대하면서 직접 배울 수 있다. 거의 모든 분야의 성공 여부는 사람들에게 얼마나 강력한 영향력을 행사하는지에 달려 있을 것이다.

사람들에게 영향력을 행사하는 가장 좋은 방법은 그들에게 관심을 두고, 그들을 잘 알고, 그들을 위해 봉사하는 것이다. 때때로 우리는 자신이 하는 일이 얼마나 가치 있는지 망각한다. 그러면 일뿐만 아니라 삶에서도 생기를 잃는다. 이제 삶의 모든 면에서 생기를 되찾는 방법을 소개하려고 한다. 이 방법은 지금 당장 그리고 날마다 사용할 수 있다.

1. **어떤 일이든 지겨워진다는 사실을 기억하라.** 처음에는 흥미진진하던 일도 흥미를 유지하려고 노력하지 않으면 시간이 흐르면서 지겨워진다. 지겨워질 수 있는 게 아니라 지겨워지게 되어 있다.
2. **삶에서 진부함을 물리치려고 날마다 노력하라.** 당신의 일에 활력을 유지하기 위해 매일 할 수 있는 일이 있다. 사실 '반드시' 매일 해야 하는 일이다. 그건 배우들이 지닌 기술인데, 자신이 맡은 역할로 살아가는 것이다.
3. **미래가 없는 직업은 없다는 사실을 깨달아라.** 모든 사람에게 미래가 있는 것처럼 모든 직업에도 미래가 있다. 직업의 미래가 장밋빛일지 어두울지는 전적으로 그 일을 하는 사람에게 달렸다.

4. **큰 그림을 보아라.** 전체를 놓고 봤을 때 당신의 일이 어떤 역할을 하는지 인식하라. 당신의 고객에게는 당신이 어떻게 일을 해내는지가 중요하다. 성공은 얼마나 좋은 서비스를 제공하는지에 달렸다.
5. **타인의 눈으로 바라보는 연습을 하라.** 당신 자신과 당신의 일을 가장 중요한 사람의 눈으로, 즉 당신의 서비스를 받는 사람의 눈으로 보는 능력을 계속 발전시켜라. 기억하라. 활기를 결코 잃어서는 안 된다.

당신의 삶은 '문제'인가, '과제'인가?

불쾌할 수 있는 이야기를 돌려서 말하려고 할 때 우리는 덜 직접적인 표현을 사용한다. 또 공격적이거나 딱딱한 표현은 삼가려고 한다. 누군가가 '죽었다'라고 말하지 않고 '돌아가셨다'라고 말하는 게 그런 식의 완곡어법으로 말하는 것이다. 완곡하게 말하는 게 늘 이상적이지는 않지만 적절하게 사용하는 완곡한 표현은 상황을 바라보는 관점을 바꿔놓을 수 있다.

나의 오랜 친구 파키 파킨슨Parky Parkinson은 '문제problem'라는 단어를 '과제project'로 바꿈으로써 상황을 대하는 태도를 바꿀 수 있다고 말했다.

위대한 극지 탐험가 로알 아문센Roald Amundsen은 자신과 자신의 대원들이 눈앞에 닥친 시련에 완곡한 이름을 붙이지 않았다면 극한 상황을 헤쳐 나올 수 없었을 것이라고 말했다. 그러한 완곡한 표현 덕분에 그들은 탐험 도중에 만난 낯설고 위험하고 어려운 상황들에 잘 대처할 수 있었고 공포감까지 떨쳐버릴 수 있었다.

어떤 상황을 문제라고 생각하면 불길하거나 위협적으로 느껴질 수 있다. **하지만 '문제'라는 표현 대신 '과제'라는 표현을 사용하면 그 상황에 접근하는 자세가 달라진다. 해결책이 있는 상황으로 바라보게 되는 것이다.**

이와 비슷하게 보통 문제가 있는 곳에는 기회가 있다는 사실을 기억할 필요가 있다. 소아마비는 전 세계적인 문제였다. 하지만 조너스 소크 Jonas Salk 박사와 그의 동료 연구자들에게 소아마비는 해결해야 하는 과제였다. 그리고 그들은 성공적으로 해결책을 찾아냈다. 암 역시 전 세계 수백만 명의 사람에게 문제가 되고 있지만, 과학계에서 암을 연구하는 수천 명의 사람에게는 해결해야 할 과제이다. 그러니 그들이 암을 극복하는 날도 올 것이다.

누구나 심각한 문제를 하나쯤은 겪고 있다. 오랜 세월을 살아가면서 문제 한 번 겪지 않는 사람이 어디 있겠는가? 그럴 때 우리는 앞에서 언급한 현명한 태도로 문제를 바라봐야 한다. 이런 태도는 지나친 낙천주의와는 다르다. 수 세기 동안 인류의 문제를 해결한 사람들이 모두 낙천적이어서 문제를 해결했겠는가? 낙천적 태도보다는 매우 인간적이고 현명한 태도 덕분에 문제에서 해결책을 발견할 수 있었다.

나에게도 비슷한 경험이 있다. 수술을 받은 후 경과를 확인하러 병원에 갔던 날이었다. 의사가 이것저것 검사하는데 그 과정이 너무 고통스러웠다. 처음에 나는 아파 죽겠다고 말하며 소리를 지르고 그만하라고 악을 썼다. 하지만 의사는 부드럽게 미소를 지으며 말했다. "잠깐이면 돼요. 약간 따끔할 겁니다." 여전히 아프기는 했지만 통증을 약간의 자극이라고 생각하니 검사 과정이 심각하거나 고통스럽지 않게 느껴졌다. 결국 의사와 나는 웃으면서 검사를 마칠 수 있었다.

곧 닥칠 문제를 '모험'이라고 불러보는 건 어떨까? 낯선 집단에 들어가거나 새로운 직장을 구할 때 그 일을 모험이라고 생각한다면 우리의 태도가 달라질 것이다. 무엇보다도 그러한 태도는 성공적인 결과를 가져다 준다.

나쁜 상황, 위협적인 상황, 고통스러운 상황을 완곡한 표현으로 바꿔서 말해 보라. 그러면 더욱 긍정적으로 상황을 볼 수 있을 것이다. 문제를 과제나 모험으로 생각하라. 문제에 정면으로 맞서고 거기에서 해결책을 찾아라. 모든 상황은 거기에 어떤 의미를 부여하느냐, 어떤 태도로 바라보느냐의 문제다.

삶에서 문제는 필연적이며 끊임없이 불쑥불쑥 등장한다. 우리의 임무는 우리 앞에 닥친 문제들을 최대한 해결해 나가는 것이다. 그렇다. 그렇게 우리는 문제를 해결하며 살아간다.

당신은 인생의 문제들에
어떻게 반응하는가?

당신이 직면한 문제에서
기회를 찾은 적이 있는가?

문제를 모험이라는 프레임으로
재구성할 수 있는가?

2장

나는 어떤 사람인가

"이 모든 스토리가 당신 내면에 있다.
어떤 스토리를 전개할지는 전적으로 당신이
내면에 어떤 자아상을 만드느냐에 달렸다."

스크린 속 당신의 모습은 어떠한가?

극장에 앉아 있다고 상상해 보자. 당신은 상영될 영화를 기다리며 스크린을 가리고 있는 커튼을 바라보고 있다. 그 영화는 당신에게 어떤 도움을 줄까? 당신에게 어떤 영향을 미칠까? 당신의 삶을 어떻게 바꿔 놓을까? 감동적이어서 눈물까지 흘리게 될까? 아니면 너무 웃겨서 깔깔거릴까? 혹시 주인공이 직면한 위기 때문에 공포에 질릴까? 사랑과 연민의 경이로운 물결을 느낄까 아니면 분노에 휩싸일까?

영화를 보는 동안 이 모든 감정이 당신의 마음에서 요동치게 될 것이다. 때로는 그 이상의 강렬한 감정에 휩싸일 수도 있다. 당신이 보게 될 영화는 세상에서 가장 매력적인 사람에 관한 이야기다. **그 주인공은 바로 당신이다.**

우리 각자의 정신과 마음에 존재하는 이 극장에서 당신은 연출자이자 감독이며 작가이다. 동시에 배우이자 영웅이며 악당이기도 하다. 당신은 영화 관계자인 동시에 감동적인 영화를 보는 관객이다.

스크린에서 펼쳐지는 흥미진진한 이야기는 당신 삶의 매 순간을 보여 준다. 당신의 어제와 내일, 무엇보다 지금 이 순간이 스크린에 등장한다. 당신은 스크린에 나타난 영상을 지켜본다. 또 앞으로 나올 영상을 지금 만들고 있다. 영화의 스토리는 해피 엔딩일까? 영화는 처음부터 끝까지 행복과 성공을 그릴까 아니면 슬픔과 실패를 그릴까? 줄거리는 이미 정해졌다. 통찰력 있는 사람은 영화가 어떻게 전개될지 알 수 있다.

하지만 한 가지 사실을 깨달으면 마음의 평화를 얻는다. 당신은 감독이자 작가, 배우이기 때문에 스토리의 전개 방향을 바꿀 수 있다는 사실이다. 지금 바로 이 순간을, 그리고 당신의 평생을 바꿀 수 있다.

당신은 영화를 성공 스토리로 만들 수 있다. 영웅이 되어 악당을 물리칠 수도 있다. 재미없고 딱딱한 이야기나 지루한 연대기가 아니라 감동적인 스토리로 영화를 만들어 당신을 아는 모두의 삶을 풍요롭게 해 줄 수 있다.

이 모든 스토리가 당신 내면에 있다. 어떤 스토리를 전개할지는 전적으로 당신이 내면에 어떤 자아상을 만드느냐에 달렸다. 스스로를 어떻게 느끼는지가 좋은 스토리를 전개할지, 나쁜 스토리를 전개할지 결정하는 가장 중요한 도구다. 그렇다. 모든 건 당신, 즉 당신의 자아상이 결정한다.

자아상은 자신이 어떤 사람인지에 대한 본인의 생각이자 경험의 산물이다. (특히 어린 시절에) 다른 사람이 나를 대했던 방식들이 자아상을 만든다. 이러한 경험과 당신에 대한 다른 사람의 인식을 통해 당신은 자신에 대한 이미지를 만들고 그 이미지가 사실이라고 믿는다. 하지만 그 이미지는 틀렸을 수 있으며 그럴 가능성이 훨씬 크다. 그런데도 중요한 건 당신은 그 이미지가 옳다고 생각하며 행동한다는 것이다. 어떤 의도나 목적대로 행동하든 사람들은 자신이 지닌 자아상을 바탕으로 행동한다.

당신의 자아상이 이미 훌륭하고 건강하거나, 성공 마인드셋을 지니고 있다면 문제 될 게 없다. 하지만 그렇지 않다면 자아상을 더 나은 이미지로 바꿔야 한다. 그러면 변화가 가져다주는 유익을 얻기 시작할 것이다.

실패할까 봐 걱정하는 것은 이미 실패한 것과 같다

자신의 습관, 생각, 능력은 모두 '내가 생각하는 나'의 특성이다. 우리는 얼마든지 기존의 한계를 버리고 새로운 한계를 설정할 수 있다. 하지만 현재 자신이 지닌 자아상의 한계를 뛰어넘을 수는 없다.

위스콘신주의 한 농부 이야기를 들려주겠다. 농부는 어느 날 자신의 호박밭을 걸어가다가 작은 유리병 하나를 발견했다. 호기심이 생긴 농부는 어린 호박을 줄기가 꺾이지 않게 조심히 들어 병에 넣었다. 그리고 병을 밭에 다시 놓아두고 가던 길을 갔다. 수확기가 되자, 농부는 크고 잘 익은 호박을 밭에서 수확하기 시작했다. 그러다가 전에 밭에 놓아 두었던 유리병을 발견하게 되었다. 하지만 이번에는 유리병이 어딘가 다르게 보였다. 병을 집어 들어 관찰하니 처음 유리병에 넣었던 어린 호박이 병 모양 그대로 자라 유리병 안을 가득 채우고 있었다. 유리병 안에서 호박이 자라다가 더는 자랄 공간이 없어지자 성장을 멈춘 것이다. 농부는 유리병을 깨어 작은 호박을 손에 쥐었다. 그 호박은 다른 호박의 절반도 안 되는 크기였다.

물론 사람이 호박은 아니지만, 우리의 자아상은 농부가 주웠던 유리병과 비슷하다. 자아상은 그 사람이 얼마나 성장할지, 어떤 유형의 사람이 될지 결정하는 틀이기 때문이다. 우리는 우리의 자아상 만큼만 성장할 수 있다. 유리병과 자아상의 유사점은 한 가지가 더 있는데, 우리가 원한다면 언제든 그것을 깨부술 수 있다는 것이다. 우리는 자아상을 확장함으로써 스스로 부과한 이미지를 제거할 수 있다.

우리는 경험을 통해 자신에 대한 정신적 이미지를 형성한다. 그리고 똑같이 경험을 통해 그 이미지를 바꿀 수 있다. 하지만 자신에게 필요한 경험이 무엇인지 알고 있음에도 경험을 실제로 할 수 없는 상황이라면 어떻게 할까? 걱정하지 말라. 우리에게는 '상상'이라는 놀라운 능력이 있다. 우리는 상상으로 경험을 만들어 낼 수 있으며 그런 심리 작용으로도 자아상은 만들어지고 확장된다. 현대 과학자들은 인간의 신경계가 실제 경험과 생생하고 매우 구체적인 상상의 경험을 구별하지 못한다고 한목소리로 말한다.

상상의 경험을 아주 잘 보여 주는 예가 '걱정'이다. 누구나 걱정 때문에 다른 일에 집중하지 못하고 시간을 낭비해 본 경험이 있을 것이다. 어떤 사람이 무언가를 걱정할 때 그 사람은 정신적으로, 감정적으로, 심리적으로 자신을 일어나지도 않은 상황 한가운데로 몰아넣는다.

실패할까 봐 몹시 걱정하는 사람은 실제로 실패하게 됐을 때와 똑같은 감정을 겪는다. 불안을 느끼고 자신이 무능하다고 생각하며 패배감을 느낀다. 심지어 두통과 소화불량에도 시달린다. 몸과 마음으로 이미 실패한 것이다. 어떤 일을 너무 오랫동안 걱정하거나 실패에 대한 두려움으로 안절부절못한다면 자신을 지나치게 들들 볶은 나머지 정말로 실패하고 병에 걸리게 될 수도 있다.

우리에게 벌어지는 모든 일은 두 가지 방향으로 사용할 수 있다. 긍정적이고 건설적인 방향 혹은 부정적이고 파괴적인 방향이다. 걱정은 상상력의 창의적인 면을 부정적으로 사용했을 때 얻는 부정적 경험이다. 상상력을 잘못 사용하면 걱정이라는 부정적 결과를 얻지만 반대로 상상력을 건설적으로 사용하면 긍정적인 결과를 얻을 수 있다. 하지만 사람들 대부분은 이를 깨닫지 못하는 것 같다.

실패를 걱정하는 사람은 자신도 모르는 사이에 자신을 공격하고 있다. 그는 자신의 정신에 잘못된 정보를 먹이로 준다. 실패를 생각하는 시간을 성공을 상상하는 데 쓰면 상상의 경험을 완전히 다른 방향으로 전개할 수 있다. 불안이 아니라 자신감, 자기 확신, 평정심을 기를 수 있으며 그런 좋은 감정은 불안을 잠재운다. 자신이 바라는 성공에 집중하고 상상으로 성공을 경험함으로써 자아상을 확장할 수 있다. 즉 마땅히 성공할 사람의 자아상을 지니게 되는 것이다.

그러니 당신이 되고자 하는 사람의 자아상을 지니기 위해 연습하라. 당신은 그 자아상대로 될 수 있다. 여유 시간을 잘 활용해 당신이 추구하는 목표와 더 큰 성공에 집중하라. 과거의 성공을 분석하고 미래에 더 큰 성공을 이룰 수 있는 공식을 세워라.

걱정이나 하며 상상력을 부정적으로 사용하지 말고 긍정적으로 상상하기 위해 더 노력하라. 부정적으로 상상하든 긍정적으로 상상하든 아직 일어나지 않은 일을 상상한다는 점에서는 똑같다. 부정적 상상에서 긍정적 상상으로 그 방법만 바꾸면 된다. 그러면 전에는 불리하게 작용하던 상상의 경험이 당신에게 유리하게 바뀐다.

그 누구도 유리병 안에 우리를 가두지 않는다. 하지만 안타깝게도 자신도 모르는 사이에 스스로에 대해 불필요한 한계를 만드는 경우가 너무 많다. 제약이 많고 무능한 자아상을 지녀 잠재력을 온전히 펼치지 못하는 사람이 한둘이 아니다.

지금 존재하는 우리 각자는 지금까지의 자기 생각, 경험, 환경이 만들어 낸 존재다. 생각의 힘을 잘 활용하기만 한다면 당장 우리는 경험과 환경을 믿을 수 없을 정도로 통제할 수 있다. 삶의 방향을 조정하기로 선택할지 그러지 않을지는 전적으로 당신에게 달렸다. 중요한 것은 당신이 삶을 통제할 수 있다는 사실을 아는 것이다.

“삶의 방향을 조정하기로 선택할지

그러지 않을지는

전적으로 당신에게 달렸다.

중요한 것은 당신이

삶을 통제할 수 있다는 사실을

아는 것이다.”

건강한 자아상을 만드는 4단계

내가 맥스 삼촌이라고 부르는 맥스웰 몰츠Maxwell Maltz 박사가 어느 날 함께 점심을 먹으며 이야기를 나누자며 내 사무실에 들렀다. 우리는 그가 좋아하는 주제로 이야기를 나눴다. 사람이 자기 자신을 어떻게 이해할 수 있는지, 건강한 자아상을 어떻게 만들 수 있는지, 이 세상에서 자유를 어떻게 찾을 수 있는지 등에 관한 대화였다.

그는 건강하고 새로운 자아상을 형성시켜 주는 새로운 습관이 있다고 말했다. 그리고 그 습관을 기르기 위해 꾸준하게 적용할 수 있는 네 가지 중요한 단계를 발견했다고 말했다. 그는 점심을 먹으며 설명을 이어갔고 나는 메모지를 꺼내 그 내용을 적었다. 그가 말한 네 가지 요점을 순서대로 말하면 다음과 같다.

1. **다른 사람을 조건 없이 용서하라.** 원한을 품은 사람을 모두 용서함으로써 과거에 누군가가 당신에게 한 잘못을 깨끗이 잊어야 한다. 이 일은 당신 자신과 당신 마음의 평화를 위한 일이다. 누군가에게 품는 증오는 상대에게 아무런 상처를 주지 않는다. 증오를 품은 자신만 심각한 상처를 입을 뿐이다. 누군가를 미워하느라 입은 마음의 상처가 치명적인 병으로 이어질 수도 있다. 그러므로 첫 번째로 해야 할 일은 다른 사람들을 모두 용서하는 것이다. 이 첫 단계를 따를 수 없다면 나머지 단계는 포기하라. 당신은 아직 멀었다.
2. **자기 자신을 용서하라.** 스스로를 다정한 눈으로 바라보라. 그동안 했던 어리석은 행동과 다른 사람에게 준 상처, 당혹스러운 경험, 과거의 실수 들을 완전히 잊으려고 노력하라. 과거의 실수를 잊고 새로 출발하라. 스스로를 용서하라. 몰츠 박사는 이렇게 말했다. "거울을 보고 너 자신을 용서하렴." 이대로 연습해 보라. 충분히 잘 해낼 수 있을 것이다. 자신을 용서하기란 쉽지 않다. 사람들은 다른 사람보다 자기 자신에게 더 엄격하게 구는 경향이 있다. 하지만 자신을 탓하는 건 도움이 안 된다. 자책감은 파괴적인 감정이다.
3. **최상의 감정을 선택하라.** 몰츠 박사는 이렇게 말했다. "우리는 하루를 좌절감에 휩싸여 시작할 수도 있고, 자신감에 넘쳐 시작할 수도 있지. 어떤 감정으로 시작할지는 네가 선택하는 거야."

가능하다면 자신감이라는 감정을 선택하는 편이 현명하다. 물론 기분이 나쁜 날도 있기 마련이다. 하지만 그런 날이라도 좌절감보다는 자신감을 느끼며 하루를 시작하는 편이 더 낫다.

4. **남과 비교하지 말라**. 다른 사람이 하는 일이나 그들의 업적, 소유물을 자신과 비교하며 걱정하지 말라. 당신의 속도를 유지하라. 당신의 속도는 남들의 속도와 당연히 다르다. 어떤 사람보다는 빠르고, 또 어떤 사람보다는 느리다. 당신을 앞서는 사람은 잊어라. 그리고 당신이 동료보다 앞선다고 해서 죄책감을 느낄 필요도 없다. 친구들과 함께하겠다며 일부러 속도를 늦추는 사람은 바보다. 자신만의 속도를 유지하라. 당신이 원하는 삶을 살아라. 얻고 싶은 것을 얻어라. 하고 싶은 일을 하라. 자신의 삶을 살아라. 다른 사람이 어떻게 살든 너무 신경 쓰지 말라.

◎

당신은 누군가에게
원한을 품고 있는가?

◎

거울에 비친 당신의 모습을 보고
좋은 감정을 느낄 수 있는가?

◎

다른 사람과 비교하지 않고
당신의 성취에만 초점을 맞추는가?

끔찍한 자기 불신에 압도당할 때라도 자신을 존중하라

맥스웰 몰츠는 자신의 저서 《맥스웰 몰츠 성공의 법칙》에 이런 말을 적었다.

"인생의 모든 덫과 위험 중 가장 치명적이고 극복하기 어려운 것은 자기 비하다. 자기 비하는 자신이 직접 설계하고 판 함정이다. 자기 비하는 한 마디로 '소용없는 일이야. 나한테는 능력이 없어'라는 생각이다."

"자기 비하에 굴복한 대가는 무겁다. 개인적으로는 물질적 보상을 얻지 못하며 사회적으로는 진보나 발전을 하지 못한다."

"끔찍한 자기 불신에 압도당할 때가 있다. 또 스스로를 의심하게 되거나 어떤 임무를 처리할 능력이 자신에게 부족하다고 생각할 때가 있다. 인생을 살면서 가장 힘들 때가 바로 그럴 때 아니던가?”

“스스로를 낮게 평가하는 것은 선이 아니라 악임을 이해해야 한다. 예를 들어 많은 부부 사이에 문제가 되는 질투라는 감정은 주로 자기 의심이 있을 때 생긴다. 자존감이 있는 사람은 남들에게 적대감을 느끼지 않는다. 그런 사람은 무언가를 증명해 보이려고 하지 않는다. 그리고 진실을 명확하게 이해할 수 있기에 다른 사람에게 자기 권리만 까다롭게 주장하는 법이 없다.”

“한 여성은 주름살 제거 수술을 받아야 남편과 자녀들에게 인정받을 것이라고 생각했다. 하지만 그녀는 스스로가 먼저 자기 자신을 인정해야 했다. 중년에 접어들면서 주름이 생기고 흰머리가 늘었던 탓에 그녀는 자존감을 잃었다. 그러면서 가족의 악의 없는 말과 행동에 지나치게 예민하게 반응했다.”

책에서 몰츠 박사는 자존감을 되찾는 처방을 내린다. “스스로를 패배자이자 쓸모없는 사람으로 그리는 자아상을 버려라. 자신을 연민의 대상이며 불공정의 피해자라고 생각하지 말라.”

“**존중**이라는 단어의 문자적 의미는 ‘어떤 대상의 가치를 인정한다’이다. 밤하늘의 별과 달, 광활한 바다, 아름다운 꽃, 붉게 물든 저녁노을을 볼 때는 경외심을 품으면서 어째서 자신의 가치는 깎아내리는가? 사람도 찬란한 자연을 만든 그 창조주가 만든 것 아닌가? 그리고 사람이야말로 모든 창조물 가운데 가장 경이로운 창조물이 아니던가? 자신의 가치를 인정한다고 해서 그것이 자만이라고는 할 수 없다. 자신의 모습을 자기가 스스로 만들었다고 생각하며 그 공로를 자신에게 돌리려고 하지 않는다면 말이다. 당신이 사람이라는 창조물, 즉 당신 스스로를 올바르게 사용하지 않아 생긴 결과 때문에 신의 작품을 깎아내리지 말라. 컴퓨터를 제대로 사용할 줄 모르는 초등학생이 '어, 이 컴퓨터가 이상해.'라고 말하는 것처럼, 자신이 잘못해 놓고 어린애처럼 사람이라는 창조물을 탓하지 말라."

"자존감 있는 사람이 될 수 있는 가장 중요한 비결은 다른 사람을 더 존중하는 것이다. 모든 사람은 신의 자녀이며 그것만으로도 가치가 있으니 모두를 존중하라. 당신 앞에 있는 사람은 신의 모든 창조물 중 가장 독특하고 고유한 창조물이다. 그러니 그들이 가치 있는 존재라고 생각하고 그들을 존중하는 연습을 하라. 그러면 놀랍게도 당신의 자존감이 높아질 것이다. 사실 자존감은 자신이 한 일, 가진 것, 업적이 대단하다고 높아지지 않는다. 자신의 존재 가치를 인정할 때 자존감은 높아진다."

자존감이 부족한가? 그것은 자신의 진정한 모습에 대한 이해가 부족하기 때문이다. 시간을 내어 자신을 점점 알아간다면 자신의 진정한 모습을 발견하며 기쁨을 느낄 것이다.

주변 상황에 따라
당신의 행동을 결정하지 말라

시드니 해리스Sydney Harris는 1943년부터 〈철저하게 개인적인Strictly Personal〉이라는 칼럼을 쓰기 시작했다. 그는 많은 저서를 출판했으며 나는 그의 모든 책을 소장해 즐겨 읽고 있다. 그의 칼럼 중 내가 가장 좋아하는 것은 그가 친구와 함께 신문 가판대에서 있던 일을 소개한 글이다. 그의 친구는 신문을 사며 상인에게 정중하게 인사를 했다. 하지만 상인은 친구의 인사를 본체만체했다.

"상인이 뭔가 기분 나쁜 일이 있었나 보군. 그렇지?"하고 해리스는 말했다.

친구는 어깨를 으쓱하며 이렇게 말했다. "저 상인은 언제나 저렇다네."

"그걸 알면서 정중하게 인사한 거야?"

"그게 어때서? 왜 저 사람 때문에 내 행동이 달라져야 하지?"

나중에 그 일을 생각하면서 해리스는 자신이 하기로 정한 '행동'을 하는 게 중요하다는 사실을 깨달았다. 그의 친구는 사람들을 대하며 자신이 해야 할 행동을 한 것이다. 하지만 우리는 대부분 사람들이 우리를 대하는 태도에 '반응'할 뿐이다.

취약하고 불안한 존재인 대부분의 사람에게는 없는 내적 균형감이 그 친구에게는 있었다. 그는 자신이 누구인지, 무엇을 지지하는지, 어떻게 행동해야 하는지 알고 있었다. 상대가 아무리 예의 없게 굴어도 그의 평정심은 흔들리지 않았다. 그는 무례함으로 무례함을 갚기를 거부했다. 상대가 무례하게 군다고 똑같이 무례하게 대하면 자신의 행동을 더는 통제하지 못하고 다른 사람의 태도에 반응만 하게 되기 때문이다.

《성경》에서는 선으로 악을 갚으라고 명령한다. 우리는 이를 도덕적 명령으로 여기지만 이는 동시에 우리의 정신 건강을 지키기 위한 심리적 처방이기도 하다.

외부 자극에 끊임없이 반응하는 사람보다 더 불행한 사람은 없다. 감정의 무게중심은 원래 자기 내면에 있어야 하지만 그런 사람은 그 중심이 외부 세계에 있다. 그의 마음속 기후는 늘 자신이 속한 공동체의 분위기에 따라 오락가락한다. 그는 외부 환경에 휘둘리는 존재다. 칭찬은 그에게 구름 위를 나는 듯한 기분을 안겨 준다. 하지만 그런 감정은 무언가 문제가 있다. 남들의 칭찬은 지속되지도 않을뿐더러 스스로를 인정하는 일과는 거리가 멀기 때문이다. 한편 비판은 그를 필요 이상으로 낙담시킨다. 그의 내면 은밀한 곳에는 불안이 있는데 비판이 그러한 불안을 건드리기 때문이다. 그는 무시당하면 상처를 입는다. 어떤 집단에서 자신이 인기가 없다는 의심만 들어도 억울함, 공격성, 원망이 자란다.

물론 외부 자극에 전혀 반응하지 않는 사람은 성인군자뿐일 것이다. 하지만 다른 사람의 감정에 반응하지 않고 자신의 행동과 태도의 주인이 되어야 비로소 우리는 마음의 평화를 얻을 수 있다는 사실을 기억해야 한다. 자신이 예의 있게 행동할지 말지, 행복할지 우울할지를 다른 사람이 결정하게 하는 일은 스스로에 대한 통제권을 그 사람에게 내어 주는 꼴이다. 그 통제권은 자신이 가진 전부라고 해도 과언이 아니다. 우리가 진정으로 소유해야 하는 단 하나를 꼽으라면 그것은 바로 흔들리지 않는 마음, 즉 자신에 대한 통제권일 것이다.

3장

내면 세계를 관리하라

"위기가 우리를 수시로 덮치는 오늘날
우리에게 필요한 특성이 하나 있다면 그건 바로 평온이다."

죽어 있는 것에는 평온이 없다

아주 중요한 교훈을 소개하겠다. 20세기에 들어서면서 윌리엄 조지 조던William George Jordan이 남긴 글인데 그의 글은 우리가 앞으로 남은 생을 살면서 하루에 한 번은 읽거나 들어야 하는 교훈이다. 그는 〈레이디스홈저널Ladies Home Journal〉과 〈더새터데이이브닝포스트The Saturday Evening Post〉 등 여러 잡지사에 근무하며 평생을 편집자로 살았다. 그가 쓴 내용은 이렇다.

"**평온은 인간의 삶에서 가장 귀중한 가치이다.** 평온이란 위대한 자연이 그 자체로 이상적이고 조화로운 상태일 때의 균형을 의미한다. 동시에 평온은 자립적이고 자제력이 있는 삶의 도덕적 태도이기도 하다. 평온은 위기가 닥치는 순간에도 자신이 가진 단 하나의 목적을 향한 흔들림 없는 자신감을 유지할 수 있는 의식적인 힘이다."

"고대 이집트의 스핑크스에는 진정한 평온이 없다. 화석에도 평온을 찾아볼 수 없다. 그것들은 죽어 있으며 모든 에너지가 생명을 잃어 침묵할 뿐이다. 평온이 있는 사람만이 만족스러운 삶을 살며 계획적이고 의식적으로 삶을 꾸릴 수 있다. 한편 운명론자에게도 평온이 없다. 운명론자는 겁쟁이처럼 환경의 노예가 되고 만다. 아무런 희망이 없기에 눈 앞에 펼쳐지는 상황에 무릎을 꿇고, 자신의 미래가 어떻게 되든 관심이 없다. 그는 자신의 삶이 바다에 표류해 이리저리 휩쓸리는 배라고 생각한다. 그에게는 나침반도 없고 지도도 없다. 또 자신이 어느 항구를 향해 항해하는지도 모른다. 스스로 아무짝에도 쓸모없다고 말하고 열등감에 휩싸여 매사에 무릎을 꿇는다. 그렇게 가만히 있는 건 평온이 아니다."

"평온한 사람은 자신의 인생 지도에 여정을 명확하게 표시한다. 배의 키에서 손을 떼는 법이 없으며 언제 어디서 거센 폭풍이나 밤안개, 암초, 난관을 만나더라도 늘 준비되어 있다. 항해 중에 위기가 닥치면 맑은 정신과 냉철한 이성이 필요하다는 걸 알고 있기에 평온과 고요를 유지한다. 그는 자신이 가진 빛을 활용해 하루하루 최선을 다해 앞으로 나아간다. 그는 잠깐이라도 주춤하거나 흔들리는 법이 없다. 잠시 방향을 바꿔 경로를 이탈해야 할 때가 있더라도 자신이 가야 할 항구를 향해 계속 전진한다.

목적지에 언제 도착할지, 어떻게 도착할지는 그에게 중요하지 않다. 자신이 최선을 다하고 있다는 사실을 알기에 그는 평온한 상태에 있다."

"걱정과 근심에 휩싸여 괴롭고 지칠 때, 압박감에 짓눌릴 때 평온을 찾아라. 잠시 멈추고 긴장을 풀어라. 마음의 평온과 평화가 스스로 모습을 드러내게 하라. 짜증스러운 외부 환경에 압도당한다면 환경이 자신을 지배하게 내버려둠으로써 자신의 열등감을 고백하는 꼴이 된다. 악의에 찬 열등감이 간교한 혀로 당신을 괴롭히며 복수를 부추길 때, 복수에 눈이 멀어 순간적으로 자신이 누구인지도 잊을 때, 평온을 유지하라. 왜가리는 천적인 독수리에게 쫓길 때 적을 피하려고 혼비백산하며 달아나지 않는다. 적을 눈앞에 두고도 평온을 유지하며 품위 있게 서서 침착하게 기다린다. 독수리가 공격하는 힘은 무시무시하지만, 제아무리 새들의 왕이라고 뽐내는 독수리라도 창처럼 생긴 왜가리의 부리에 스치면 찔리기 마련이다. 엉뚱한 사람을 공격한 사람 치고 언젠가 어떤 식으로든 상처를 입지 않는 사람은 없다. 그러니 평온을 유지하라."

이 모든 글은 20세기에 들어서면서 쓰인 글이라 오늘날 듣기에는 다소 과장되고 시대에 뒤떨어지는 표현처럼 보일 수 있다. 하지만 이 글들이 전하는 메시지는 훌륭하다. **위기가 우리를 수시로 덮치는 오늘날 우리에게 필요한 특성이 하나 있다면 그건 바로**

평온이다. 평온이 낳는 명료한 생각은 이 시대에 필수이다.

매일 아침 이 간단한 메시지를 되새긴다면 우리의 삶이 얼마나 더 나아질까.

신은 평범하지 않은 사람을 사랑하는 것이 틀림없다

'너 자신을 알라'라는 말은 역사상 가장 의미심장한 말 중 하나일 것이다. 어째서 사람들은 가끔, 아니 상당히 자주, 열등감에 시달릴까? 그 이유는 잘못된 전제를 바탕으로 사고하기 때문이다. 잘못된 전제란 다른 사람과 자신을 비교하는 것이다. 이러한 비교는 하지 말아야 한다. 비교해도 무리가 없을 만큼 모든 면에서 비슷한 사람은 이 세상에 없기 때문이다. 이 지구에 사는 사람이라면 누구나 어떤 면에서는 다른 사람보다 열등하고 어떤 면에서는 다른 사람보다 우수하다.

어느 지혜로운 사람은 이런 문장을 남겼다. "인간이기에 열등감을 느낀다." 하지만 자신을 잘 알고 균형감이 있는 사람은 자신이 남보다 춤을 못 추거나 골프를 못 치거나 게임을 못해도 크게 개의치 않는다. 한 사람이 모든 면에서 뛰어난 능력을 갖추기란 거의 불가능에 가깝다는 걸 알기 때문이다.

자신을 아는 사람은 다른 사람의 재능과 능력을 부러워하지 않고 높게 평가한다. 자신을 그들과 비교하지 않기 때문이다. 그런 사람은 자신이 세상에서 가장 잘생기지도 않고, 몸매가 가장 좋지도 않고, 제일 재능 있거나 똑똑하거나 빠르거나 영리하거나 재미있거나 매력적인 사람이 아니라는 사실을 기꺼이 받아들인다.

실제로 그런 사람은 자신이 가장 잘났다는 생각은 아예 하지도 않는다. 모든 사람이 조상에게서 강점과 함께 약점도 물려받았다는 사실을 알고 있는 것 같다. 두 사람을 놓고 비교할 때 비슷한 사람은 아무도 없다. 그리고 사람들은 저마다 남보다 상대적으로 잘하는 게 있기 마련이다.

맥스웰 몰츠는 자신의 명저《맥스웰 몰츠 성공의 법칙》에서 이렇게 말했다. "열등감과 우월감은 동전의 양면이다. 열등감을 치료하는 방법은 동전 자체가 아무것도 아니라는 사실을 깨닫는 것이다. 당신은 '열등'하지도 '우월'하지도 않다. 당신은 그저 당신이다."

"한 인간으로서 당신은 다른 인간과 경쟁할 필요가 없다. 이 지구에, 또는 당신의 공동체에 당신과 비슷한 사람은 없기 때문이다. 당신은 고유한 개성을 지닌 한 사람이며 유일무이하다. 당신은 다른 사람과 '비슷'하지 않다. 그러니 다른 사람과 비슷해지려고 노력할 필요가 없으며 다른 사람이 당신과 비슷해지기를 기대하지도 말라."

"신은 인간을 하나의 모습으로 창조하지 않았다. '이게 이 사람의 모양이다.'라는 식의 꼬리표도 붙이지 않았다. 눈송이가 어느 것 하나 모양이 같지 않고 독특한 것처럼 신은 모든 인간을 개성 있고 독특한 존재로 창조했다."

"신은 키가 작은 사람과 뚱뚱한 사람을 만들었고, 황인과 백인, 흑인, 인디언을 만들었다. 신은 인간의 키나 몸매, 피부색에 대해 어느 것이 더 좋다고 하지 않았다. 에이브러햄 링컨은 이렇게 말했다. '신은 평범한 사람을 사랑하는 것이 틀림없습니다. 평범한 사람을 이렇게나 많이 창조했으니 말입니다.' 하지만 링컨의 말에는 잘못된 부분이 있다. 이 세상에 '평범한 사람'은 없다. 즉 한 결같은 모습으로 비슷비슷한 사람은 없다는 뜻이다. 그가 한 말의 진의는 이 말에 더 가까울 것이다. '신은 평범하지 않은 사람을 사랑하는 게 틀림없습니다. 평범하지 않은 사람을 이렇게나 많이 창조했으니 말입니다.'"

자신이 이 지구에 살았던 그 누구와도 비슷하지 않다는 사실을 깨달아야 한다. 그렇지 않으면 언제든 열등감을 느낄 수 있다. 자신이 남다른 개성을 지닌 유일무이한 존재라는 사실을 이성과 감정으로 온전하고 완벽하게 이해한다면 열등감을 느낄 리 없다. 저마다 제각각의 특성이 있기에 비교하며 판단할 기준이 없는데 어떻게 열등감이 생기겠는가? 모든 사람은 다 다르다.

이 지구에서 순전히 우연히 일어나는 일은 없다. 어떤 사람이 살아가고 있는 건 그가 살도록 창조되었기 때문이고 그에게는 자신만의 독특한 재능과 능력이 있다. 한 인간으로서 그가 해야 할 일은 자신을 아는 방법을 배우는 일이다. 자신을 알게 되면 그는 자신을 좋아하게 될 것이다. 자신이 꽤 괜찮은 사람이라는 사실을 알게 되기 때문이다. 무언가를 다른 사람만큼 잘하지 못해도 그 사실을 인정하고 받아들이며, 자신에게 주어진 재능을 알아차리고 감사할 것이다. 그는 자신의 진정한 모습을 받아들일 것이다. 지문과 서명이 다 다른 것처럼 자신이 다른 사람과 다른 전무후무한 존재임을 인식하게 될 것이다.

인간은 이 지구에 존재하는 창조물 가운데 신을 닮은 창조물로 가장 훌륭하고 고귀하다. 그러한 선물을 받고도 감사하지 않는 것은 최악의 무지다. 그리고 열등감은 실체가 없는 유령이다. 지식의 불이 밝아지면 열등감은 사라진다.

"당신은 고유한 개성을 지닌

한 사람이며 유일무이하다.

당신은 다른 사람과 '비슷'하지 않다.

그러니 다른 사람과 비슷해지려고

노력할 필요가 없으며

다른 사람이 당신과 비슷해지기를

기대하지도 말라."

타인의 좋은 점을 찾는 일이 나에게 어떤 영향을 끼치는가

몇 년 전 나는 자동차 연료를 채우러 캘리포니아주 할리우드에 있는 한 주유소에 들렀다. 중년쯤 되어 보이는 주유소 사장이 콧노래를 부르며 내 차에 기름을 넣었다. 그사이 나는 주유소를 둘러보았다. 새로 생긴 주유소도 아닌데 무척 깨끗하다는 느낌을 받았다. 특히 진입로를 보고 놀랐다. 마치 내 차가 진입로를 처음 이용한 것처럼 깨끗했다.

나는 사장에게 물었다. "수십 대의 차가 진입로를 드나들며 기름을 흘리고 바퀴에 묻은 흙으로 자국을 남길 텐데 도대체 어떻게 이렇게 티 하나 없이 깨끗하게 유지하는 겁니까?" 그는 마트에서 파는 청소용품을 알려 주며 그 상품이 진입로 청소에는 세계 최고라고 말했다. 사업장을 깨끗하게 유지한다는 내 말에 그는 활짝 웃었다. 대화를 나눈 짧은 시간은 그와 나 모두에게 귀중한 순간이었다. 나는 좋은 상품을 알게 됐고 그는 진심 어린 칭찬을 들어 기쁨을 느꼈다.

칭찬은 누구에게나 필요하다. 사람은 칭찬을 들으면서 꽃을 피우고 성장한다. 반면 칭찬을 받지 못한 사람은 움츠러들고 위축되기 마련이다. 누구나 잘 알고 있듯이 어린아이에게는 끊임없는 칭찬과 격려가 필요하다. 아이는 학교에서 엉망진창으로 그린 그림을 가져올 때도 부모님에게서 잘 그렸다는 소리를 듣고 싶어 한다. 하지만 아이에게 칭찬이 필요한 것 못지않게 아이의 어머니나 아버지에게도 칭찬이 필요하다. 대다수의 부모는 칭찬을 잘 받지 못한다. 가끔 약간의 칭찬을 들을 때도 있겠지만 그것만으로는 충분하지 않다.

자존감 역시 누구에게나 무척 중요하다. 그래서 주변 사람에게 그가 가치 있는 존재임을 끊임없이 확인시켜 주어야 한다. 그러려면 진심 어린 칭찬을 할 기회를 찾아야 한다. 특히 가족과 직장 동료에게 칭찬할 기회를 반드시 찾아야 한다.

칭찬은 미묘하지만 엄청나게 가치 있는, 예상 밖의 부수적 효과를 낳기도 한다. 우선, 누군가를 칭찬하려면 그 사람의 장점을 찾아야 한다. 그러면 그 사람의 단점보다는 장점에 초점을 맞출 수밖에 없다. 그래서 그 사람을 상대하면서 겪었던 일 중 긍정적인 면에 초점을 맞추게 된다. 그러다 보면 우리는 점점 더 행복하고 건설적이며 즐거운 삶을 살게 된다. 게다가 사람들은 자신을 칭찬하고 자신의 가치를 인정하는 사람을 좋아한다. 그래서 칭찬을 잘하는 사람은 주변에 많은 친구가 모인다. 마지막으로 칭찬은 칭찬을 받기 위한 최고의 방법이기도 하다. 늘 불평만 늘어놓는 사람을 칭찬하기는 어렵다.

습관적으로 "아무도 나를 인정하지 않아."라고 말하거나 "내가 하는 일의 공로를 아무도 몰라."라고 하는 사람이 있다고 해보자. 그 사람은 자기중심적인 사람일 확률이 높으며, 자신의 행복을 남에게서 찾을 것이다. 그런 사람은 다른 사람에게 관심을 주고 칭찬하는 법을 까맣게 잊고 산다.

사랑하는 사람을 날마다 칭찬할 방법을 찾으려고 노력하라. 인간에게 칭찬은 식물에 햇빛과 물을 주고 비옥한 흙을 공급하는 것과 같다. 사랑하는 사람이 최고의 성장을 이루도록 환경을 조성해 주는 게 바로 칭찬이다. 칭찬은 그저 기분만 좋게 해 주지 않는다. 숨 쉬는 공기처럼 칭찬은 살아가는 데 반드시 필요하다.

프랑스의 극작가 몰리에르Molière는 이렇게 말했다. "내가 한 일에 대한 최고의 보상은 사람들이 그 일을 알아 주고 칭찬과 박수를 보내 주어 영예롭게 되는 것이다."

어느 누가 말 한 마리와 살고 싶겠는가?

나의 아버지는 제인 그레이Zane Grey가 쓴 오래된 소설들의 열렬한 독자였다. 제인 그레이의 책을 자주 읽는 아버지 덕분에 나도 그 책들을 손에서 놓지 않았다. 소설은 언제나 이방인이 말을 타고 마을에 나타나는 장면으로 시작되곤 했다. 키가 크고 군살 없이 탄탄한 몸매를 지닌 낯선 남자는 언제나 흙먼지에 뒤덮여 있었다. 곧은 눈썹 아래 차가운 회색 눈동자는 흔들림 없이 앞을 응시했고, 손은 허벅지에 찬 권총을 만지작거렸다.

그에게는 친구나 아는 사람이 없었다. 혼자 지내기를 좋아하는 것 같았다. 말수가 거의 없었고 자기 생각을 좀처럼 이야기하지 않았다. 그의 세계에 존재한 것이라고는 고작 자신과 타고 다니는 말, 그리고 그가 쫓는 악당뿐이었다.

이야기는 재미있었다. 사람들은 소설에 등장한 신비로운 사내를 아주 흥미로워했다. 하지만 현실에서 그런 삶은 외롭다. 더군다나 오늘날에는 말을 가진 사람도 얼마 안 되니 말이다.

너무 많은 사람과 교류할 필요는 없다. 하지만 낯선 사람을 대할 때 자신의 타고난 수줍음을 극복하고 마음을 더 활짝 열 수 있다면 삶은 더 나아질 것이다.

크게 성공해 사회적으로 높은 지위에 오른 내 친구의 말처럼, "다른 사람을 향한 마음의 문과 창을 연다면 친구라는 멋진 수확을 얻을 것이다."

사람들은 대부분 다른 사람이 먼저 말을 걸거나 미소를 보일 때만 말하고 미소 짓는 경향이 있다. 우리는 대개 상황을 주도하기보다 상황에 반응한다. 차가운 난로 앞에 앉아 이렇게 말하는 사람이 생각난다. "어서 따뜻하게 해 주렴. 그러면 장작을 더 넣어 줄게."

세상은 그런 식으로 돌아가지 않는다. 아주 조금만 노력하면 먼저 웃으며 "안녕하세요."라고 말하는 습관을 기를 수 있다. 그러면 십중팔구 상대가 친절하게 응답할 것이다.

나는 한 미국 전자 회사의 외국인 대표를 알고 있다. 그는 종종 비행기를 타고 전 세계를 다녔는데, 내성적인 성향 탓에 옆 좌석에 앉은 승객과 대화를 하지 않으려고 책만 들여다보곤 했다. 한번은 어쩌다 보니 친절한 영국인과 대화를 나누게 되었다. 그리고 대화를 나누다 보니 그 영국인이 전자 제품을 구매하러 미국으로 가는 길이라는 사실을 알게 되었다. 그는 옆 좌석에 앉은 사람과 대화를 나눈 덕분에 대량의 주문을 받을 수 있었다. 그날의 경험 이후로 그 대표는 낯선 사람을 대하는 자신의 태도를 바꾸기로 결심했다. 그런 태도가 또 다른 사업적 기회를 가져다주지 않을 수도 있지만 이제 그는 흥미로운 사람들을 다양하게 만나면서 새로운 친구들을 사귀고 있다.

"그는 내 스타일이 아니야."라는 말이나 "그 사람들과는 좀 안 맞아."라는 말을 해서는 안 된다. 사람에게는 누구나 저마다의 이야기가 있다. 그리고 누구의 서사든 잘 들어보면 흥미롭고 유익하기 마련이다. **다른 사람의 인생 이야기는 우리의 마음과 시야를 넓히며 인간관계를 확장시킨다.**

어렵게 생각할 필요는 없다. 당신은 미소를 지으면서 그저 "안녕하세요."라는 말만 하면 된다. 그리고 한두 마디를 더 하면 대화가 이어진다. 상대도 우리처럼 새로운 친구와 사귀기를 간절히 바라지만 소심해서 머뭇거리고 있는지도 모른다. 사람들은 대부분 낯선 사람 앞에서 먼저 말을 꺼내기 어려워한다. 그러니 당신이 먼저 말을 걸어 보라. 만나는 모든 사람들과 친구가 될 수는 없다. 하지만 나이가 들수록 우리는 최대한 많은 친구를 사귀어야 한다.

자기 삶에 다른 사람이 들어오지 못하도록 막는 사람은 결국 스스로를 가두게 된다. 내 친구의 조언을 들어라. "다른 사람을 향한 마음의 문과 창을 연다면 친구라는 멋진 수확을 얻을 것이다."

어느 누가 말 한 마리와 함께 살고 싶겠는가?

행복해지려면 용기가 필요하다

미국의 작가이자 시인, 평론가이며 교육자였던 마크 반 도런Mark Van Doren은 75번째 생일을 맞이한 시기에 〈라이프매거진LIFE Magazine〉과의 인터뷰에서 무척 인상적인 말을 남겼다. 그의 말은 나의 마음 깊숙이 새겨졌다.

그는 "행복해지려면 용기가 필요하다."라고 말했다. 이 말에는 엄청난 교훈이 담겨 있다. 누구나 비참한 기분이나 자기 연민에 휩싸일 때가 있다. 그리고 그럴 때마다 불공정한 세상을 탓하기는 쉽다. 심각한 시련에 직면한 사람처럼 망연자실한 채 가만히 앉아서 아무것도 안 하기는 더 쉽다. 하지만 **행복해지려면 용기가 필요하다**.

행복해지려면 용기가 필요하다는 그의 말에서 행복이란 오늘이나 내일의 행복, 혹은 다음 주 목요일부터 일주일간의 행복처럼 일시적인 감정 상태를 의미하지 않았다. 그가 말하는 행복은 전반적인 삶의 방식으로서의 행복이었다. 주변을 보면 매사에 불평투성이이고 쉽게 우울해지는 사람이 있다. 그런 사람과 대조되는 성향을 지닌 행복한 사람이 되는 법을 말한 것이다. 그러려면 가장 높은 수준의 용기가 필요하다. 이 세상에는 내일 아침 태양이 떠오를 것을 확신하듯이 자신에게 불운이 닥치고 거절당할 것을 확신하는 사람이 가득하다. 그들은 "내게 좋은 일이 생길 리 있겠어?"라고 하거나 "내게는 늘 불행한 일만 생기지."라는 말을 입에 달고 산다. 그들은 절망과 낙담이라는 출발선에서 삶을 시작한다.

레프 톨스토이Lev Nikolayevich Tolstoi는 "인간은 행복해지기 위해 존재한다. 인간 내면에 있는 이 행복은 살아가는 데 필요한 욕구를 충족시키는 데서 온다."라고 말했다. 라 로슈푸코La Rochefoucauld는 "행복이란 그 실체가 있는 것이 아니라 느끼는 것이다. 사람은 다른 사람이 좋아하는 것이 아닌 자신이 좋아하는 것을 가질 때 행복하다."라고도 말했다.

제인 오스틴Jane Austin은 매우 의미심장한 문장을 썼다. "그녀만큼 명랑한 성격을 지닌 사람은 없을 것이다. 그녀는 누구보다 행복을 낙관적으로 기대한다. 그러한 기대가 행복 자체다." 행복 자체는 대부분 행복을 기대하는 마음에서 생긴다. 그리고 행복을 기대하려면 용기가 필요하다.

프랑스의 소설가 오노레 드 발자크Honoré de Balzac는 이렇게 썼다. "모든 행복은 용기와 노력에 달렸다." 나는 지독하게 힘든 시기를 오래 보냈지만 어려움을 이겨내기 위해 최대한 노력했다. 무엇보다 상상력을 발휘해 행복을 기대하며 그 모든 시련을 이겨 냈다.

내가 오래전부터 좋아한 작가 조지 산타야나George Santayana는 이렇게 말했다. "삶에서 유일하게 허락된 것은 행복이다. 행복을 얻지 못하는 사람은 성난 삶을 살아가며 그가 하는 일은 한탄스러울 뿐이다."

버트런드 러셀Bertrand Russell은 이렇게 썼다. "행복을 무시하는 것은 대개 다른 사람의 행복을 무시하는 것이며 인류에 대한 증오를 우아하게 위장하는 것이다."

중국의 철학자 린위탕林語堂은 이렇게 말했다. "서양의 철학자들이 가장 의도적으로 기피하는 주제가 행복이라는 사실은 언제나 놀랍다."

프랑스의 어느 철학자는 마크 반 도런이 한 말과 거의 똑같은 말을 했다. 그는 "살아가려면 끊임없이 승리해야 한다. 행복해지려면 용기를 가져야 한다."라고 말했다.

우리 주변에는 한두 가지 심각한 장애가 있지만 놀라울 정도로 쾌활하고 행복한 사람이 있다. 사람들은 그들을 보며 어떻게 그럴 수 있는지 궁금해한다. 그리고 이런 생각을 한다. '내가 그런 고통을 겪는다면 과연 행복할 수 있을까?' 그들은 용기가 있기에, 그리고 다른 삶을 찾지 않기에 행복하다.

"행복 자체는 대부분
행복을 기대하는 마음에서 생긴다.
그리고 행복을 기대하려면
용기가 필요하다."

4장

아이디어를 찾아라

"우리의 생각이 창밖을 훨훨 날아 무언가를 상상하도록 한다면
이따금 진정한 혁신이 탄생할 수 있다."

마음을 어떤 왕국으로 만들 것인가

존 밀턴John Milton의《실낙원》에서 사탄은 이렇게 말했다. "마음은 그 자체로 고유한 장소다. 마음은 지옥을 천국으로 만들 수도 있고, 천국을 지옥으로 만들 수도 있다." 이 말을 할 때 사탄은 자신의 마음에서 일어난 역설적인 사실을 깨닫지 못했다. 증오를 가득 품은 그의 마음은 '천국을 지옥으로' 만들기만 했을 뿐 '지옥을 천국으로' 만들지는 못했다. 밀턴의 위대한 작품인 이 책을 보면 사탄에게는 그를 따르는 많은 동료가 있었다는 사실을 알 수 있다. 앞의 구절을 다시 읽어 보라. "마음은 그 자체로 고유한 장소다. 마음은 지옥을 천국으로 만들 수도 있고, 천국을 지옥으로 만들 수도 있다."

우리의 삶은 모든 영역에서 기회가 펼쳐지는 천국이나 다름없다. 그런 삶을 살면서도 자신의 삶을 지옥으로 만드는 사람들이 얼마나 많은지 누가 알까. 아마 짐작도 못할 것이다. 사람들은 사랑할 기회가 있지만 증오한다. 서로를 신뢰할 기회가 있지만 불신한다.

사람들은 또 헌신적으로 일할 기회가 있지만 남들이 자신을 속인다는 의심과 두려움 때문에 주저한다. 문명이 시작한 이후 사회의 부를 서로 나눠 가질 기회가 충분히 있었지만 게으르고 무지해서 부를 얻지 못하고 가만히 앉아 투덜거리기만 한다. 자신의 능력을 마음껏 펼치는 방법을 공짜로 배울 기회가 사방에 많은데도 사람들은 무지하다. 마을과 도시에 있는 공공 도서관은 절반이 텅 비어 있다. 그곳에 가서 지식을 얻으려는 사람을 기다리기란 헛된 일이다. 교사와 부모는 아이들에게 학교에 다니며 급변하는 세상에서 살아갈 자격을 갖추라고 간청하지만, 역설적으로 많은 학생이 학교를 그만둔다.

마음이 천국일 수도 있는 곳을 지옥으로 바꾸는 일은 이게 다가 아니다. 삶의 곳곳에서, 사회의 모든 공동체에서 어깨가 축 처진 채 움푹 꺼진 눈으로 고통스럽고 우울한 표정을 한 사람들을 볼 수 있다. 그들의 마음에서는 삶이 왜 이렇게 지옥처럼 고통스러운지, 지루하고 따분한 일상은 도대체 언제 끝날지 불평이 끊이지 않는다.

로마의 정치가 세네카Lucius Annaeus Seneca는 이렇게 말했다. "훌륭하고 건강하고 올바른 마음은 육체에 깃든 일종의 신이다. 그런 마음은 왕자에게뿐 아니라 노예에게도 축복일 수 있다. 그것은 하늘로부터 오며 반드시 하늘로 돌아간다. 또 그것은 순수하고 고결한 마음에서 누리는 천상의 행복과 비슷하다. 그런 행복을 땅에서도 어느 정도 누릴 수 있다."

영국의 시인 제프리 초서Geoffrey Chaucer는 이렇게 말했다. "내게 마음은 하나의 왕국이다. 그 안에 있는 즐거움은 땅에서 느낄 수 있는 기쁨보다 훨씬 크다. 각자의 마음은 자신의 왕국이다. 왕국을 지배하는 군주처럼, 사람은 자기 마음을 어떤 왕국으로 만들지 결정할 수 있다. 어떻게 결정하는지에 따라 마음은 삭막할 수도 있고 윤택할 수도 있으며, 가난할 수도 있고 부유할 수도 있다. 또 지루할 수도 있고 즐거울 수도 있으며, 불행할 수도 있고 행복할 수도 있다." 그의 말처럼, **인생에서 가장 중요한 순간은 삶을 자신의 의지대로 빚어낼 수 있음을 이해하는 순간이다.**

조지 버클리George Berkeley는 이렇게 말했다. "마음속에서 생각하고 고민하며 숙고하는 일은 밭에서 그루터기를 뽑고 쟁기질하고 땅을 파고 흙을 일구는 일과 같다." 우리는 비옥한 땅이 풍성한 수확을 낸다는 사실을 잘 알고 있다. 마음이 얼마나 풍성한 수확을 낼지는 자신에게 달렸다.

새로운 관심 분야에 정신적 불을 켜라

윈스턴 처칠Winston Churchill은 영국의 총리였던 시절, 심각한 위기에 직면해 막중한 책임을 맡았다. 역사상 그보다 더 어려운 책임을 맡았던 사람은 거의 없다. 처칠은 부하 수십 명의 목숨을 앗아갈 수도 있는 문제에 직면했지만 용감하게 맞섰다. 그럴 수 있었던 것은 그가 젊은 시절 걱정과 긴장을 줄이는 시스템을 구축해 놓은 덕분이었다. 그 시스템은 오늘날 우리에게도 매우 유용하다.

그는 이렇게 썼다. "장기간 이례적인 책임을 맡아야 하거나 대대적인 규모의 임무를 수행해야 하는 사람은 과도한 걱정과 긴장을 느낄 수밖에 없다. 그래서 사람들은 그러한 정신적 스트레스를 피하는 많은 치료법을 제안하고 있다. 그중에는 운동하라는 조언도 있고, 잠시 뒤로 한발 물러나라는 조언도 있다. 혼자 시간을 보내며 긴장을 푸는 법을 추천하는 사람이 있는가 하면 여럿이 어울려 흥겨운 시간을 보내라고 제안하는 사람도 있다. 당연히 이 모든 방법은 각자의 성격에 따라 효과가 있을 수도 있고 없을 수도 있다. 하지만 이렇게 제안된 치료법의 일관적이고 공통적인 요소는 **변화**다."

"변화가 마스터키master key다. 코트의 팔꿈치 부분이 닳아서 해질 수 있는 것처럼 사람의 마음도 특정 부분을 지칠 때까지 계속 사용하면 그 부분이 닳아 버릴 수 있다. 하지만 우리 뇌의 살아 있는 세포와 무생물인 코트에는 차이점이 있다. 코트의 해진 팔꿈치는 소매나 어깨 부분을 문지른다고 해서 수선되지 않는다. 하지만 마음의 지친 부분은 그 부분을 잠시 쉬게 하거나 다른 부분을 사용함으로써 새 힘을 얻게 해 튼튼하게 복구할 수 있다. 평소에 신경 쓰던 곳에 정신적 불을 끄는 것만으로는 충분하지 않다. **새로운 관심 분야를 찾아 그곳에 정신적 불을 켜야 한다**."

"지칠 대로 지친 마음 근육에게 '휴식을 취하게 해 줄게.', '여행 좀 다녀와야지.', '아무 생각 안 하고 누워 있어야지.'라고 해 봤자 소용없다. 마음은 전과 똑같이 계속 분주하다. 마음이 무언가를 저울질하며 평가해 왔다면 계속 그렇게 할 것이다. 마음이 무언가를 걱정해 왔다면 계속 그렇게 할 것이다. 마음이 충분한 휴식을 취해 비로소 새 힘을 얻게 되는 때는 새로운 세포들이 활동하고 새로운 별들이 주인공이 될 때다."

훌륭한 조언 아닌가? 마음의 스위치를 꺼서 마음의 문을 닫으려고 하는 것은 사실상 불가능하다. 하지만 스위치를 새로운 방향으로 돌리면 지친 마음이 스스로 회복할 수 있다. 이러한 이유로 골프, 테니스, 낚시 같은 신체 활동이 수반된 스포츠는 건강을 유지하는 데 도움이 된다. 그런 스포츠의 관람석에 앉아 있을 때는 걱정이 계속 피어날 수 있다. 하지만 스포츠에 직접 참가하는 일과 무언가 걱정하는 일은 동시에 할 수 없다.

마음에 걱정이 가득하거나 어떤 일 때문에 지쳤을 때의 비법이 여기 있다. 어려울 수 있겠지만 다른 일에 집중해 보는 것이다. 당신은 이 비법을 개발해야 한다. 처칠도 그 비법을 개발했다. 연합군이 모든 전선에서 패하고 있던 제2차 세계대전의 암울한 시기에 처칠은 마음의 스위치를 완전히 새로운 활동으로 돌렸다. 그리고 거기에 전적으로 초점을 맞춤으로써 마음의 휴식을 취할 수 있었다. 그는 마치 의사가 처방해 준 약을 먹듯이 마음을 치료하겠다는 목적으로 새로운 활동에 초점을 맞췄다. 상황을 잘 헤쳐 나가려고 한 것이다. 휴식을 취한 마음이 새 힘을 얻으면 다시 세상이 직면한 문제로 돌아올 수 있었다.

의사들은 사람을 죽음으로 몰고 가는 것은 과로가 아니라고 입을 모아 말한다. 마음이 꺾여 기진맥진해질 때까지 하는 지나친 걱정이 사람의 생명을 앗아간다. 의사인 찰스 메이요Charles

Mayo는 이렇게 말했다. "걱정은 심장, 분비선, 신경계 등 몸의 순환계에 영향을 미친다. 나는 과로 때문에 죽은 사람은 본 적이 없다. 하지만 의심 때문에 죽은 사람은 많이 봤다."

성공하는 사람들에게는 눈에 보이지 않는 힘이 있다

한 교사는 학교에 오는 모든 학생들에게 항상 이 질문을 던졌다. "네가 왜 학교에 다녀야 하는지 알고 있니?"

그러면 대개 아이들은 당혹스러워하며 교사를 쳐다보곤 했다. 교사는 이렇게 말해 주었다. "너희들은 생각하는 방법을 배우려고 학교에 오는 거란다."

유타주 투엘에 사는 나의 오랜 친구 루이스 앳킨슨Louis Atkinson에게서 얼마 전 전화가 왔다. 루이스는 자신의 세 살 된 아들 크레이그와 나눈 대화에 관해 이야기했다. 생각하는 방법을 배우는 일의 중요성에 관한 대화였다. 친구는 아들과 함께 정원을 가꾸거나 저녁을 먹을 때마다 생각에 대해, 생각이 무엇인지에 대해 자주 이야기했다. 그는 내게 이런 말을 했다. "어느 날 우리 부부가 크레이그를 재우러 아이 방에 들어갔어. 그런데 그 꼬마가 이런 말을 하는 거야. '생각은 엄마와 아빠를 행복하게 해요. 그래서 생각은 아주 중요해요!'"

루이스 부부는 얼른 고개를 끄덕였고 어린 철학자는 이내 잠이 들었다. 그리고 고등학교 교사인 루이스는 아들의 이야기를 학생들에게 들려주었다.

그렇다. 생각하면 행복해진다. 그래서 생각하는 건 아주 중요하다. 우리는 더 많이 배울수록, 그리고 놀라운 일을 더 많이 경험할수록 더 많은 가능성이라는 재료를 생각에 공급할 수 있다. 생각은 창조의 아버지다. 계획을 세우는 사람에게 생각은 미래의 삶을 안내하는 내비게이션이다. 그렇기에 생각은 매우 중요하다. 하지만 그게 다가 아니다.

루이스는 전화로 내게 영화 〈스타워즈Star Wars〉를 봤냐고 물었다. 나는 보지 못했지만 아들의 성화에 못 이겨 속편을 두 편 봤다고 말했다. 그는 "영화에 나온 '힘the Force'을 기억해?"라고 물었다.

나는 기억한다고 말했다. 그리고 기억하는 것 이상으로 나에게도 그 단어가 인상 깊게 뇌리에 박혀 있었다.

생각하고 아이디어를 내고 어려운 목표를 향해 나아가는 건강한 태도를 발전시키는 사람들이 있다. 그들을 보면 마치 그들을 돕는 어떤 힘(혹은 당신이 원하는 대로 불러도 좋다)이 있는 것처럼 느껴진다. 때때로 사람들은 그런 힘을 '운'이라고 부르지만 사실

그 힘은 모멘텀momentum, 즉 추진력이다. 힘찬 파도처럼, **추진력은 당신이 일단 궤도에 오르면 필요한 모든 도움을 준다.**

이 힘을 키우려면 때로는 시간이 오래 걸릴 수도 있다. 하지만 일단 얻게 되면 느끼게 된다. 힘은 자신감을 안겨 준다. 동시에 올바른 이해력과 감사하는 태도도 가져다준다. 힘은 건방진 태도와 거리가 멀다. 허세로 가득 찬 사람이 그런 힘을 얻을 수 있을지는 의문이다.

어린 크레이그가 자라면서 이를 배우게 되리라 확신한다. 크레이그는 이미 가장 유리한 환경에서 성장하며 생각에 대해 배우고 있다.

"우리는 더 많이 배울수록,

그리고 놀라운 일을 더 많이 경험할수록

더 많은 가능성이라는 재료를

생각에 공급할 수 있다."

"일단 생각 좀 해 봅시다." 라고 말하라

오래전, 아일랜드 사람 윌리엄 라일리William T. Reilly 박사가 저술한 얇은 명저들이 출간됐다. 그중 하나는 1947년에 출간된《올바른 사고를 위한 12가지 규칙The Twelve Rules for Straight Thinking》이다.

그는 우리가 성급하게 결론 내리는 일을 피할 수 없다는 점을 일깨워 준다. 우리의 마음에 그런 경향이 있기 때문이다. 사업을 하면서나 사람들과 대화를 나누면서 스포트라이트를 받으려는 욕망 때문에 종종 우리는 성급하게 결론을 내리려고 한다. 무언가를 빠르게 결정하면 상사에게 좋은 인상을 줄 수 있고 자신이 신속하고 기민한 사람임을 증명할 수 있기 때문이다. 하지만 냉정하게 생각해 보면, 성급하게 내린 결론은 회의실이나 친목 모임에서 들어본 중에 가장 어리석은 아이디어로 판명나는 경우가 많다.

문제는 사람들이 대부분 빠른 해결책이 최고의 해결책 또는 유일한 해결책이라고 착각한다는 사실이다. 하지만 빠른 결정은 엉터리일 때가 많고 종종 잘못된 방향으로 이끌기도 한다. 그런 결정은 문제를 해결하는 데 전혀 도움이 안 된다. 오히려 새로운 문제를 일으킬 수도 있다.

성급한 결론을 내리는 일은 어쩔 수 없다 치더라도 그로 인한 피해는 막아야 하지 않겠는가? 어떻게 하면 최악의 결과로부터 자신을 보호할 수 있을까? 심각한 문제일수록 반응을 유보하면 된다. 다시 말해 **충분히 생각할 시간을 가짐으로써 성급한 결론으로 인한 피해를 막을 수 있다.**

지연반응delayed response은 사실상 지성, 즉 사고력을 발휘한다는 첫 번째 신호다. 누군가가 당신에게 문제를 가져오고 당신은 그 문제를 도와줘야 한다고 해 보자. 그럴 때 "일단 생각 좀 해 봅시다. 그렇게 중요한 문제를 성급하게 결정하는 건 바람직하지 않아요."라고 말한다면 당신은 더 좋은 인상을 줄 것이다.

회사의 젊은 직원들은 흔히 상사가 맡긴 일의 기적적인 해법을 즉시 찾아야 한다고 생각한다. 하지만 절대 그렇지 않다. 경영진은 "곰곰이 생각한 후에 가장 좋은 의견을 드리고 싶습니다."라고 말하는 직원의 태도를 높이 산다.

이제 올바른 사고의 간단한 4단계를 검토해 보자.

- **1단계:** 사실과 의견을 분리하고 사실을 분석하라.
- **2단계:** 무엇이 진짜 문제인지 규정하고 잠재적 해법들을 찾아라.
- **3단계:** 생각해 낸 해법들의 성공 가능성에 대한 증거를 확보하라.
- **4단계:** 증거를 철저히 분석하고 올바른 결론을 내려라.

하지만 이렇게 최고의 절차를 따라도 잘못된 결정을 내릴 수 있다. 단, 그 횟수는 줄일 수 있다. 즉흥적인 반응은 위험하다. 라일리 박사의 제안이 그런 위험을 피하는 데 큰 도움이 된다.

문제에 직면했을 때 먼저 수직적으로, 즉 상식적인 선에서 생각해 보라. 그렇게 해서 원하는 답을 찾을 수 없다면 수평적으로, 즉 고정관념에 얽매이지 말고 완전히 새로운 방향으로 생각하라. 다시 말해서 한 구멍을 더 깊게 파지 말고 구멍을 새로 낼 곳을 찾으라는 말이다. 어쩌면 생각지도 못한 곳에서 놀라운 해법을 발견할 수도 있다. 그러면 당신의 상사가 그 공을 가로챌 것이다. 참, 방금 이야기는 농담이다. 어쨌거나 그렇게 하는 게 문제를 해결하는 최고의 방법이다.

삶은 우리에게 끊임없이 문제를 안겨 준다. 문제 하나를 해결하면 또 다른 문제가 나타난다. 대부분은 성급한 결정으로 이어진다. 그럴 때 반응을 지연하는 것은 가장 좋은 방법이다.

새로운 아이디어를 찾으려면 탐험가가 되어야 한다

회사가 직원들의 머리에서 아이디어를 캐내는 더 좋은 방법을 찾아낸다면 분명히 그 회사는 빠르게 성장하며 비용 절감과 이윤 상승을 효과적으로 달성할 것이다.

얼마 전 나는 〈월스트리트저널Wall Street Journal〉에서 한 전자 회사의 기사를 읽었다. 그 회사는 오후 2시에 모든 업무를 마치고 최고 엔지니어들과 함께 아이디어 회의를 한다. 회의실에서는 문을 닫고 전화기도 꺼 둔 채 서로 아이디어를 교환한다. 그들은 불꽃을 튀기며 자기 의견을 내놓는다. 매일 아이디어 회의를 한다는 걸 알기에 참가자들 각자는 어떻게든 한두 개의 아이디어를 내놓으려고 한다.

어느 제화 회사에서는 간부들에게 개인적인 '숙고의 시간'을 준다. 그리고 2주에 한 번씩 브레인스토밍 회의를 한다. 한 간부는 "브레인스토밍 회의를 할 때 나오는 아이디어는 정말 놀랍다."라고 말했다. 또 다른 회사에서는 몇 달에 한 번씩 십여 명의 임원들을 교외로 데리고 나가 주요 문제들을 논의한다.

출장길에 나선 회사 간부들은 종종 일상적인 업무에서 벗어나자마자 기막힌 아이디어가 떠올라 놀라움을 금치 못한다. 직원들이 정시에 출근해 하루 종일 업무에 매진하는 것이 우려된다면 이렇게 해 보라. 직원들을 며칠간 다른 도시로 출장 보내 좋은 아이디어를 찾아오라고 하는 것이다. 그들이 이윤 상승에 도움이 되는 아이디어를 얼마나 잘 찾아오는지 보면 놀랍고도 기쁠 것이다.

로자베스 모스 캔터Rosabeth Moss Kanter는 냉동식품의 아버지 클래런스 버즈아이Clarence Birdseye에 관한 이야기를 했다. 버즈아이는 20세기로 전환되는 시기에 뉴욕에서 농산물 사업을 했다. 캔터의 말에 따르면 당시에도 효과적인 사업 운영에 대한 일반적 통념은 오늘날과 크게 다르지 않았다고 한다. '회사에 문제가 생기지 않게 책임지고 회사에 머물라.' 즉 항상 회사에 자리를 지키고 있는 것이 회사를 운영하는 최고의 방법으로 여겨졌다. 하지만 버즈아이는 그렇게 하지 않았다. 그는 사업가인 데다가 모험가이자 탐험가였다. 언젠가 래브라도로 탐험을 떠났던 그는 이누이트족이 건조한 북극 공기에 순록 고기를 얼려 두었다가 여러 달 후 해동해 요리하는 모습을 보았다. 그렇게 요리한 고기는 여전히 연하고 맛이 좋았다. 버즈아이는 그 아이디어를 자신의 농산물 사업에 적용했다. 그리고 우리가 다 아는 것처럼 위대한 기업을 일구었다.

캔터는 혁신을 일으키려는 사람에게 이렇게 말한다. "래브라도로 정기적인 탐험을 떠나야 한다. 떠나라. 새로운 곳으로 가라. 생각을 뒤집어라. 일상의 현실과 다른 것을 보아라. 당신이 당장 해결하려고 하는 문제를 창의적으로 비틀어 볼 수 있게 하는 무언가를 찾아라." 또 이렇게 말한다. "대부분의 조직은 예산을 세워 직원들을 전문 회의에 보낸다. 나는 기업들에게 그 예산을 활용해 직원들을 그 분야가 아닌 다른 분야의 전문 회의에 보내라고 권유하기 시작했다. 그러면 직원들은 새롭고 다양한 관점을 접하게 될 것이다."

아이디어를 얻는 한 가지 방법은 일상적인 업무에서 벗어나는 것이다. 하지만 그렇게 하려면 아이디어의 가치를 인식하고 좋은 아이디어를 얻었을 때의 기쁨을 알아야 한다. 성공 기업을 연구하는 분야의 전문가들에 따르면 사람들은 대부분, 심지어 경영자조차 심각한 위기에 빠져도 생각을 열심히 하지 않는다. 즉 사람들은 자신의 사고력을 방어적으로 사용하는 데 급급하다. 문제가 공격을 가할 때만 사고력을 사용한다. 온갖 위기가 덮칠 때도 창의적인 생각에 몰두하는 법이 거의 없다. 안타까운 일이다. 하루에 몇 분을 깊이 생각하는 데 투자하기만 해도 우리의 정신과 주변 사람, 사업, 가정, 가족들에게 경이로운 일이 생길 수 있다.

잘 생각해 보라. 금광은 사람들의 머릿속에 있다. 요즘에는 사람을 교육하고 훈련하는 데 큰 비용이 든다. 그런데 한 사람의 육체만 고용하고 뛰어난 두뇌는 벌판에 내버려 둘 셈인가? 그처럼 안타까운 일도 없을 것이다.

◎

하루에 얼마의 시간을 따로 떼어 내
집중적으로 생각하라.

◎

종이와 연필을 준비해 두고 집중적으로 생각하면서
발견한 아이디어를 기록하라.

◎

가끔은 익숙한 환경과 일상적인 일에서 벗어나라.
그러면 삶을 바라보는 새로운 관점을 얻을 수 있다.

몽상은 인간이 받은 최고의 선물이다

교사는 다음에 다룰 주제를 한창 설명하다가 한 아이가 창밖을 내다보고 있는 것을 보았다. 교사는 하던 말을 멈추었다. 반 아이들 전체가 고개를 돌려 그 몽상가를 바라보았다. 창밖을 내다보던 아이는 다른 학생들의 낄낄거리는 웃음소리가 가끔 들리는 것 말고는 주변이 너무 조용하다는 사실을 깨닫고 교사를 쳐다보았다.

교사는 물었다. "뭐 하고 있니?"

아이는 "생각하고 있어요."라고 말했다.

교사는 "학교에서는 생각하면 안 되는 거 모르니?"라고 쏘아붙였다. 그러자 놀란 아이는 잠시 아무 말 못 하다가 참지 못하고 갑자기 웃음을 터뜨렸다. 교사는 당황했다.

며칠 전에 나는 아주 흥미로운 짧은 만화를 보았다. 선사시대의 교실이 그려진 그 만화에는 아이들이 모두 조그마한 곰 가죽 옷을 입고 동굴 바닥에 앉아 있었다. 그들 앞에 있는 교사는 커다란 곰 가죽 옷을 입고 있었다. 교사는 동굴 벽에 사슴 그림을 그려 놓고 심장이 있을 자리에 'x'라고 표시했다. 사슴을 사냥하는 방법을 아이들에게 가르치고 있는 것 같았다.

그런데 학생 한 명이 주의를 집중하지 않았다. 다른 아이들처럼 앉아는 있었지만 뒤돌아 앉아 돌로 된 작은 칼로 무언가를 깎고 있었다. 교사는 주의를 집중하지 않는다고 아이를 혼내며 말했다. "다른 아이들보다 뒤처지고 싶니?" 그다음 장면을 보니, 아이가 만들고 있던 것은 다름 아닌 비행기였다.

아이들이 생각에 잠기는 것은 인간이 지닌 가장 고차원적 기능을 수행하는 것이다. 이때 아이들은 눈앞의 상황에 주의를 기울일 때보다 훨씬 더 수준 높고 훌륭한 차원으로 생각을 확장할 수 있다. 많은 사람이 몽상을 시간 낭비라고 생각하지만 절대 그렇지 않다. 누군가의 몽상 덕분에 오늘날 우리는 책, 영화, 현대 사회의 편리함, 과학 혁신 등 수많은 혜택을 누리고 있다. 인간의 두뇌를 완벽하게 아는 사람은 아무도 없다. **하지만 우리의 생각이 창밖을 훨훨 날아 무언가를 상상하도록 한다면 이따금 진정한 혁신이 탄생할 수 있다.**

물론 좋은 아이디어를 현실에서 사용하지 못하고 지나친 몽상에만 빠져 있으면 문제가 생길 수 있다. 몽상이 필요할 때와 공부할 때는 따로 있다. 교실의 모든 학생을 마음대로 몽상하게 놔둔다면 새로운 지식을 배울 학생은 아무도 없을 것이다. 하지만 아이들이 수업에 집중하지 않고 딴생각을 한다고 나무랄 때는 두 가지를 반드시 주의해야 한다. 한 가지는 배우는 것보다 생각하는 것이 일반적으로 더 중요하다는 점이고, 또 하나는 요즘에는 생각하는 사람이 너무 없다는 점이다.

종종 우리는 상상의 나래를 펼치며 중요한 문제들이 원활하게 해결되는 장면을 머릿속에 생생하게 그리고는 한다. 그렇게 몽상은 미래의 활동과 성취를 위한 토대를 만든다. 몽상은 심한 부정적 스트레스로부터 질병에 걸리지 않게 우리를 보호해 주기도 한다. 참전 군인들은 조용한 순간에 한 몽상이 집과 가족, 친구들에게 돌아가는 데 얼마나 도움이 되는지 알고 있다. 잠시 몽상하는 동안 전쟁은 잊힌다. 부상과 전멸에 대한 불안과 공포가 사라지고 세상은 원래의 질서를 찾는다. 몽상에 놀라운 치료 효과가 있다는 사실은 의문의 여지가 없다.

몽상은 인간이 받은 최고의 선물이다. 몽상하지 못한다면 인간의 삶은 더 힘겨워질 것이다. 아이의 방을 들여다볼 때 아이가 조용히 창밖을 내다보고 있거나 천장을 바라보고 있다면 잠시 아이를 혼자 두는 게 좋다.

아이디어는 당신이 찾을 수 있는 곳에 있다

기억해야 할 흥미롭고 중요한 사실이 있다. 당신이 찾는 아이디어는 당신이 찾을 수 있는 곳에 있다는 사실이다. 나의 타자기 옆에는 짧은 메모가 있다. "오래전부터 내게는 해법들이 있었다. 다만 그 해법에 어떻게 도달할지 그 방법을 아직 모를 뿐이다." 19세기 독일의 위대한 발명가 카를 가우스Carl Gauss가 쓴 문장이다. 이 말의 의미는 **우리가 목적지를 알고 있으나 그곳까지 가는 방법을 아직 모른다는 뜻이다.**

토머스 에디슨은 백열전구를 개발하기로 결심했을 때 자신이 무엇을 찾고 있는지 알고 있었다. 결심을 하고도 해법을 찾는 데까지는 지난한 세월이 걸렸지만 결국에는 필요한 아이디어를 찾을 수 있었다. 혹시 이런 말을 하는 사람이 있을지 모른다. "하지만 누구나 에디슨처럼 될 수 있는 건 아니잖아?" 맞다. 모든 사람이 목표를 세우고 해법을 찾는 것은 아니다. 사실 당시 사람들은 자기들이 쓰고 있는 불빛에 상당히 만족했다. 말과 마차면 충분하다고 생각하던 사람들이 자동차를 만들려는 초기 시도를 비웃었던 것과 비슷하다. 다만 여기서 중요한 사실은 무엇을 하고 싶은지, 무엇을 성취하고 싶은지 알고 있고 그 일에 대한 욕망이 강한 사람은 목표를 이룰 방법을 찾아낼 것이라는 점이다. 그리고 그 과정은 이해하기에 전혀 어렵지 않다.

어떤 목표를 이루겠다고 결심하면 어찌 됐든 그 생각에 마음이 설렌다. 그 생각이 정신에 가득하면 감정이 힘을 보태 목표를 이루고 싶은 갈망이 더욱 강해진다. 어떻게 하면 목표를 달성할 수 있을까 하는 생각에 목표를 이룰 방법을 집중적으로 찾는 자신을 발견하게 된다. 이는 잠재의식 깊은 곳에 결심이라는 씨앗을 심고 감정이라는 힘으로 물을 주는 것이다. 그러면 위대하다 못해 신비롭기까지 한 '정신적 컴퓨터mental computer'가 목표를 이루는 방법을 찾아내게 된다. 잠재의식은 의식의 수면 아래에서 문제를 연구하며 해법을 찾는다. 마치 거대한 스캐너처럼 과거의 기억을 뒤적거리며 수천 가지의 가능성과 새로운 배열을 찾아낸다. 하지만 때때로 확실하지 않은 해법을 내보내기도 하니 너무 성급하게 받아들여서는 안 된다. 갑자기 떠오른 아이디어는 반드시 메모해 아이디어 파일에 넣어 두어야 한다. 그리고 강력한 정신적 컴퓨터에 문제를 다시 입력해야 한다. 그러면 때때로 새롭거나 부분적으로 효과적인 해법이 나타날 것이다.

그중 일부를 시도해 보자. 어떤 건 효과가 별로 없을 것이다. 그럴 때는 문제를 정신적 컴퓨터로 계속 돌려보내야 한다. 그러다 보면 드디어 당신이 찾던 눈부신 아이디어가 어디에도 숨지 못하고 모습을 드러낸다. 그렇다. 그렇게 불이 켜지는 것이다. 그때부터는 그 아이디어를 다듬어 다양한 계획을 세우면 된다.

여기서 기억해야 할 중요한 사실이 있다. 이 방법을 따라 하며 포기하지만 않는다면 당신이 찾는 아이디어를 얻을 수 있지만 그렇다고 그 아이디어가 반드시 당신에게만 나타난다는 말은 아니다. 당신이 찾는 아이디어를 다른 사람이 떠올려 당신에게 전해 줄 수도 있다. 찰스 다윈을 비롯한 수많은 연구자는 다른 사람에게서 자신이 원하는 아이디어를 얻었다. 문제의 해법을 찾고 있다면 그 해법이 어디에서 나오는지는 중요하지 않다. 몇 달, 심지어 몇 년 동안 찾고 있던 아이디어를 비즈니스 오찬에서 누군가와 대화를 나누다가, 잡지나 상점에서 무언가를 보다가, 도서관에서 훌륭한 책을 읽다가 찾을 수 있다. 당신이 찾는 아이디어는 당신의 손이 닿을 수 없는 곳에 있지 않다. 목표를 이루는 데 필요한 아이디어를 찾는 일은 재미있고 흥미진진한 여정이다. 그 과정은 의미와 해법을 발견하는 설레는 여정이 될 것이다. 그럴 때 삶에 큰 즐거움이 생긴다.

최고의 동기부여는 어디에서 얻을 수 있는가?

사람들은 계속 묻는다. "누군가에게 어떻게 동기를 부여합니까?" 경영진, 교사, 부모는 이렇게 질문한다. "어떤 사람에게서 개인과 사회의 이익을 위한 최상의 능력을 끌어낼 방법은 무엇인가요?"

17세기 프랑스의 과학자이자 철학자인 르네 데카르트가 이 질문에 답을 주었다. 그가 어디에서 이렇게 말했는지는 모르겠지만 "상상력이 동기부여의 열쇠다."라는 그의 말보다 더 정확한 말은 없다.

누군가에게 동기부여를 하려면 그 사람에게 상상력의 중요성을 가르쳐라. 흥분과 재미, 열정으로 가득했던 지난 삶을 되돌아보기만 하라고 알려 주면 된다. 멋진 아이디어를 내놓고 상상의 나래를 활발히 펼칠 때가 다들 있지 않았는가? 나이가 많든 젊든 상상력은 젊음의 신호다. 상상력을 활발하게 유지하면 인생의 마지막 몇 년을 빼고는 모든 면에서 젊음을 유지할 수 있다.

어떻게 하면 다른 사람의 상상력을 자극할 수 있을까? 사실 일부러 상상력을 자극할 필요가 없는 사람들이 있다. 그들은 상상력을 북돋는 가정에서 자란 덕분에 자연스럽게 상상력을 발휘한다. 하지만 성인이 된 후 이렇게 상상력을 마음껏 발휘하는 사람은 상당히 드문 것 같다. 어떤 기업에든 탁월한 재능이 있는 직원이 있다. 그들에게 어떤 아이디어를 주면 그걸 잘 활용해 업무를 훌륭히 수행한다. 하지만 그들이 직접 아이디어를 내놓는 경우는 드물다. 현실을 직시하자. 사람들 대부분은 아이디어를 내놓지 않는다. 상상력을 자극하는 방법은 상상력을 발휘할 수 있는 환경을 만드는 것이다. 단순히 상상력을 발휘하라고 요청하기만 해도 된다.

한 가지 방법은 이렇다. 새롭고 더 나은 아이디어가 등장하면 앞으로 몇 년 안에 업무가 눈에 띄게 더 나은 방향으로 변한다고 말하는 것이다. 그리고 아이디어를 지금 내놓을 수 있는지 물어보면 된다. 다른 사람이 좋은 아이디어를 내놓기를 기다리지 말고 먼저 아이디어를 제시해 보라고 권할 수 있다. 또 한 가지 방법은 사람들에게 새로운 프로젝트에서 그들의 역할이 얼마나 중요한지 알려 주는 것이다. 자신의 아이디어와 기여가 필요하고 중요하다고 느끼게 하고, 자신이 팀의 핵심 구성원임을 알게 하라.

몇 년 전 규모가 큰 정유 회사의 경영진이 영업 사원들에게 "앞으로 10년 후 주유소는 어떻게 될까요?"라는 질문을 했다. 그리고 충분히 고민해서 답을 찾으라고 했다. 영업 사원들은 경영진을 흡족하게 하는 놀라운 답들을 내놓았다. 그들은 날마다 주유소에 전화하거나 찾아간 덕분에 정유업계를 바라보는 탁월한 안목을 기를 수 있었고, 그래서 경영진의 질문에 현명하고 기발한 답을 내놓을 수 있었다.

이런 방법은 어느 집단에서든 효과가 있다. 이 방법을 통해 직원들은 자신이 하는 일에 새로운 흥미를 느낄 수 있다. 이러한 제안제도suggestion system(조직구성원이 경영에 도움이 되는 의견을 제출하게 하고 그 의견이 채택되면 보상을 하는 제도—역자주)는 훌륭한 제도다. 이 제도 덕분에 조직은 발전할 수 있었다. 하지만 그런 제도는 대부분 수동적이다. 따라서 아이디어와 상상력을 자극하는 최상의 방법은 질문하고 도움을 요청하는 것이다. 여러 연구가 제시하는 바에 따르면 경영진들은 위기가 닥쳤을 때 좀처럼 사고력을 발휘하지 않는다. 그렇기에 그들에게도 상상력을 발휘하게 하는 자극이 필요하다.

데카르트의 말이 맞았다. 자기 자신에게든 다른 사람에게든 동기를 부여하는 열쇠는 상상력이다. 상상력이 발휘될 때 지루함과 지지부진함이 사라진다.

✦

"자기 자신에게든 다른 사람에게든
동기를 부여하는 열쇠는 상상력이다.
상상력이 발휘될 때
지루함과 지지부진함이 사라진다."

종이와 필기도구는 아이디어의 좋은 친구다

아이디어는, 특히 매우 탁월한 아이디어일수록 엉성하기 일쑤이고 쉽게 사라지고 만다. 그런 아이디어는 여유로운 시간에 마음속을 스치고 지나간다. 목욕이나 산책을 할 때, 해먹에 누워 있거나 출근하는 길에 문득 떠오르는 아이디어는 얼마나 완벽하고 탁월한지 놀라울 따름이다. 마치 자연에 있는 창조물 중 하나처럼 색과 모양이 완벽하다. 하지만 그런 아이디어는 쉽게 잡히지 않는다. 순식간에 나타나 순식간에 사라진다. 믿을 수 없이 미로 같은 마음의 숲으로 자취를 감추고 만다. 그런 아이디어는 빠져나올 수 없는 미궁으로 들어가 두 번 다시 나타나지 않을지도 모른다.

그래서 나는 집 곳곳에 종이와 필기도구를 둔다. 하지만 머리를 감거나 샤워하는 등 손을 쓸 수 없을 때 아이디어가 떠오르면 어떻게 하겠는가? 내 차 안에는 배터리로 작동하는 전자 비서가 있어서 아이디어나 생각을 바로 녹음할 수 있다. 차를 오래 타고 가면 아마 녹음테이프 한 개를 아이디어로 가득 채울 것이다. 내 옆을 지나가는 운전자들은 조그만 검은 장치에 대고 말하는 내 모습을 보고 분명히 내가 CIA나 비밀조직의 요원이라고 생각할 것이다. 아니면 내가 미쳤다고 생각하든지. 나는 그렇게 떠오르는 아이디어들이 세상에서 가장 소중한 것임을 알게 됐다. 아이디어는 인간 정신이 만들어 낸 작품이며 세상이 인정하는 '가장 가치 있는' 성공작이다.

아이디어는 일종의 에너지다. 따라서 아이디어는 생산적이거나 쓸모 있거나 흥미롭거나 재미있는 물리적 형태로 전환되어야 한다. 그렇지 않으면 태양광선의 99.9퍼센트 이상이 무한한 허공에 흩어지듯이 아이디어도 어디론가 사라지고 만다. 아이디어가 사라지는 것을 막고 생산적인 것으로 전환되는 과정을 시작하려면 아이디어를 녹음하거나 종이에 적어 말로 바꿔야 한다. 그다음 그 아이디어를 생각하고 연구해서 물리적 형태로 만들어야 한다. 우리 눈에 보이는 모든 것이 처음에는 눈에 보이지 않는 아이디어였다. 오래전 나는 운전하면서 샌프란시스코와 캘리포니아주의 오클랜드를 연결하는 오클랜드 베이 브리지Oakland Bay Bridge를 건넌 적이 있다. 그때 다리의 구조물을 보고 깊은 감명을 받았다. 그 놀라운 구조물도 시작은 한 인간의 정신에 떠오른 아이디어에서 비롯됐다.

사람들은 자신의 아이디어를 과소평가하는 경향이 있다. 평생 자신을 과소평가하는 습관을 갖고 살아왔기 때문이다. 심지어 기업의 최고위층에 있는 사람들도 그저 다른 사람을 따라가는 경향이 있다. 일반적으로 사람들은 자신보다 다른 사람이 더 똑똑하고 창의적이라고 생각한다.

전문가의 의견에 따르면 사람들 대부분은 아이디어의 중요성을 알지 못하고 그것을 발전시키는 방법을 배우지 못했기 때문에 아이디어를 많이 얻지 못한다. 좋은 아이디어를 얻으려면 적극성과 호기심, 창의적인 마음이 필요하다. 따라서 무엇이든 질문하는 습관을 기를 필요가 있다. 그리고 미래는 어느 때보다 좋아질 것이며 우리가 사는 세상은 끊임없이 변한다는 사실을 깨달아야 한다.

당신이 아이디어를 대하는 자세는 어떠한가?

마음에 드는 문장을 우연히 보게 됐다. 그 문장을 여기서 소개해 보겠다. "어떤 사람이 아이디어를 내놓고 실행할 때, 그 전에 그와 똑같은 아이디어를 떠올렸던 사람이 10명은 있다. 하지만 그들은 생각만 했다."

한 사람이 좋은 아이디어를 독점하는 경우는 없다. **하지만 좋은 아이디어의 다듬어지지 않은 생각들을 물리적 형태로 만들어 세상에 내놓는 사람은 소수다.**

사람들은 좋은 아이디어란 완전히 새로운 것이어야 한다고 생각한다. 물론 어디에도 없던 아이디어가 혜성처럼 등장할 수도 있다. 하지만 똑같은 아이디어가 수백 명, 어쩌면 수천 명의 마음에서 번쩍였을 가능성도 있다. 이는 중요하지 않다. 더 이상 진행되지 않고 아이디어로만 남아 있는 아이디어는 가치가 거의 없다. 그런 아이디어는 아무것도 이루지 못하며 현실적으로 볼 때 머릿속에서 떠오르지 않는 편이 더 낫다.

빅토르 위고Victor Hugo는 이렇게 말했다. "자기 때를 만난 아이디어만큼 강력한 것은 이 세상에 없다." 이 말은 참되다. 또 아무것도 이루지 못한 아이디어보다 가치 없는 것도 없다.

흔히 사람들은 요청받지도 않았는데 대기업에 아이디어를 보낸다. 하지만 그것은 대기업이 원하는 바가 아니다. 사람들이 보낸 아이디어와 똑같은 아이디어가 이미 오랫동안 회사 내부에서 다뤄졌을 가능성이 크다. 그 아이디어를 활용해 기업이 실제로 상품을 생산한다고 해 보자. 상품을 생산하려면 전략, 시간, 원자재, 돈이 들어간다. 그렇게 상품을 생산해 놓으면 그 즉시 분노를 터뜨리는 편지가 쇄도한다. 사람들은 회사가 자신의 아이디어를 훔쳤다고 주장하며 이 세상의 돈 없고 '힘없는' 사람들에게서 훔친 아이디어로 성공하고 명성을 얻었다는 식으로 회사를 비난한다.

사람들이 아이디어를 대하는 자세를 관찰하면 재미있다. 아이디어와 관련해 사람들은 어느 정도까지 행동할까? 어디까지 위험을 감수할 수 있을까? 대부분은 아이디어를 떠올리는 데서 그친다. 떠올리기만 하는 데에는 비용이 전혀 들지 않기 때문이다. 하지만 수중에 있는 모든 돈을 쏟아붓거나 남에게 빌려서라도 그 아이디어에 투자해 보라고 하면 사람들의 태도가 완전히 달라지는 것을 보게 된다.

이게 아이디어를 테스트할 수 있는 좋은 방법이다. 또 그 아이디어가 그동안 찾던 아이디어인지 확인할 수 있는 테스트이기도 하다. 만약 당신이 긁어모으거나 빌린 돈을 모두 걸 수 있는 아이디어라면 그것은 훌륭한 아이디어일 것이다.

누구도 생각해 본 적이 없는 아이디어를 내놓으려고 너무 고민할 필요는 없다. 당신의 경쟁 상대는 수백만 명이다. 따라서 **당신의 과제는 이미 성공한 기존의 아이디어를 바탕으로 더 좋은 아이디어를 만드는 일이다**. 너무 서두르지 말라. 아이디어를 현실로 만들어 탄탄하고 큰 성공을 이루는 데 시간이 얼마나 걸릴지 누구도 알 수 없다. 열에 아홉은 수 년이 걸린다. 아무리 탁월한 아이디어라도 그렇다.

지구에서 가장 운이 좋은 사람은 원대한 아이디어를 발견하고 끊임없는 관심과 도전, 노력으로 삶을 가득 채운 사람일 것이다. 그러한 일에는 토마토를 더 잘 재배하기, 자녀를 훌륭하게 양육하기, 소외된 사람을 돕기, 그림 그리기, 책 쓰기, 새로운 사업 시작하기 등이 있을 수 있다. 아이디어를 활용해 무언가를 실행하는 것보다 더 좋은 것은 없다.

당신에게 흥미 있는 아이디어와 일이 사라지고 있다면 분발하라. 울퉁불퉁한 바위에 걸터앉아 생각하라. 또는 책을 사서 읽거나 산책을 하라. 아이디어의 세계를 저버리지 말라. 하지만 아이디어에만 만족해서는 안 된다. 아이디어를 활용해 무언가를 하라.

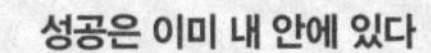

◎

아이디어 목록을 항상 가지고 있는가?

◎

마지막으로 아이디어를 활용한 적이 언제인가?

◎

일주일 또는 한 달에 한 가지 아이디어를 선택해 조사하라.

◎

그 아이디어를 활용해 발전하고 행동하라.
이것을 목표로 삼아야 한다.

◎

처음에 생각한 아이디어를
어떻게 확장해 나갈 수 있는지 생각하라.

5장

성공할 용기를 내라

"우리에게 필요한 건
의심의 무게를 견딜 수 있는 강한 믿음이다."

의심의 무게를 견딜 수 있는 강한 믿음이 있는가?

에번스턴에 사는 나의 오랜 친구 해럴드 블레이크 워커Harold Blake Walker 박사가 얼마 전에 내게 편지를 보냈는데, 그 내용이 무척 마음에 들었다. 아마 당신 마음에도 들 것이다. 그는 이렇게 썼다. "우리는 믿음에 따라 살거나 아니면 아무것도 아닌 삶을 산다네. 우리의 삶은 모험이나 무위도식 둘 중 하나지. 모험을 한다면 믿음이 있기에 그렇게 하는 거야. 시작할 때는 결과가 어떨지 누구도 모르니 말일세. 사람들은 믿음이 있기에 위험을 감수하고 결혼하네. 그게 아니면 혼자 살겠지. 또 믿음이 있기에 직업을 준비하지. 아니면 아예 시작도 안 하고 포기할 테니까. 믿음으로 우리는 산더미 같은 반대를 이긴다네. 그렇지 않으면 작은 돌에도 걸려 넘어지고 말지."

"하지만 믿음은 종종 고요함과 평온함을 깬다네. 믿음은 쉼 없이 움직이는 바다의 조수와 같지. 로버트 브라우닝Robert Browning의 말처럼 일반적으로 우리는 믿음 때문에 다양한 의심을 하고 의심 때문에 다양한 믿음을 얻는 삶을 영원히 반복하지. 어제 아침에는 장밋빛 약속을 믿으며 희망차게 시작했지만 힘든 하루를 보내고 나면 밤에는 의심과 불안에 시달리는 게 우리의 삶이네."

의심이 뇌리에서 떠나지 않으면 사람들은 거기에서 벗어나기를 바란다. 그래서 확실한 것을 더듬거리며 찾는다. 진짜 위험한 일은 의심도 하지 않고 자기부정에 빠져서 될 대로 되라는 식으로 사는 것이다.

우리에게 필요한 건 의심의 무게를 견딜 수 있는 강한 믿음이다. 유정을 시추할 때 드릴로 구멍을 내면서 '이곳에서 과연 석유를 채취할 수 있을까' 하는 불안감에 시달리지 않는 사람이 어디 있겠는가. 하지만 어리석은 사람은 그렇게 원하는 유정이 있는 곳 절반까지만 파고 들어갔다가 시추를 멈춰 버린다. 화가 윌리엄 모리스William Morris는 이렇게 썼다. "초상화를 그리는 일은 정말 쉬운 일이 아니다. 무엇이든 가치 있는 그림을 그리다 보면 의심과 절망의 시간이 오게 돼 있다. 하지만 예술가는 창의적인 작품을 완성하기 위해 의심을 물리치고 계속 그림을 그린다."

의심의 무게를 버틸 정도로 강한 믿음이 있어야 한다. 두려움과 의심에 시달릴 때 우리가 할 수 있는 일은 강한 믿음을 갖는 것이 전부다. 비틀거리더라도 불확실성을 헤쳐 나가며 진취적인 삶을 사는 것. 이것이 우리가 할 수 있는 최선이다. 결과를 통해 그간의 노력이 증명될 것이라는 확실한 믿음을 갖고 살아가야 한다.

의심이 떠나지 않더라도 하고자 하는 일에 믿음을 갖고 가고자 하는 방향으로 한 걸음 더 내디딘다면 창의적인 성취를 이룰 궤도로 진입하는 것이다. 인간이 이룬 모든 승리는 믿음으로 한 걸음 내딛는 데에서 시작됐다. 그 한 걸음이 거대한 일을 이루는 작은 시작이다. 최소한 5분은 더 버티겠다는 생각으로 나아가고 또 나아가라. 그렇게 하지 않고서 가치 있는 승리를 얻은 사람은 아무도 없다.

한 가지 더 말하고 넘어가야겠다. 가치 있는 승리를 얻으려면 당신의 믿음은 흔들리지 않아야 한다. 옳음이 처형대에 있고 그름이 왕좌에 있는 것처럼 보일 때에도 옳음이 옳다는 믿음을 계속 유지할 수 있는가? 이 질문에 '그렇다'라고 대답한다면 믿음의 최종 테스트를 통과한 셈이다.

당신의 삶이 위대한 모험이 되려면 의심의 무게를 견디는 강한 믿음이 필요하다. 그래야 가고자 하는 방향으로 첫발을 내디딜 수 있다. 강한 믿음이 있다면 아무리 힘겹고 압박감이 들더라도 어려움을 헤쳐 나가며 믿음의 진정성을 유지할 수 있다. 나는 강한 믿음을 좋아한다. 그렇다. "믿음은 바라는 것의 보증이며 보이지 않는 실체의 확증이다.” 믿음으로 인해 다양한 의심이 생길 수 있지만 그런 의심은 믿음을 강화한다. 우리는 의심의 삶을 믿음의 삶으로 바꿔야 한다.

"인간이 이룬 모든 승리는

믿음으로 한 걸음

내딛는 데에서 시작됐다.

그 한 걸음이 거대한 일을 이루는

작은 시작이다."

당신이 믿는 것이 곧 당신의 삶이다

다음과 같은 다소 개인적인 질문을 마지막으로 들은 때가 언제인지 생각해 보라.

'당신은 무엇을 믿는가?'

때로는 의심과 두려움, 냉소가 너무 많아 사람들이 더는 아무것도 믿지 않는 지경에 이른 것 같다. 누군가의 의견에 빈정거리거나 자기 생각을 말하는 누군가의 옆구리를 쿡 찌르며 그만하라고 하는 일이 비일비재하다. 사람들은 무엇이 옳고 그른지 알고 있으면서도 자신의 판단력을 의심한다. 그래서 자신의 의견을 말하기 전에 다른 사람의 행동과 말을 지켜본다. 그렇다면 당신은 무엇을 믿는가?

이는 사소한 질문이 아니다. 각자가 자신이 무엇을 믿을지 정확하게 정하는 일은 대단히 중요하다. 삶의 여정이 어떻게 펼쳐질지, 자신과 자신의 운명에 어떤 일이 일어날지를 결정하는 것은 자신의 믿음이기 때문이다. 오늘날 사람들은 "믿어라. 그러면 이루어지리라."라는 위대한 진리를 무시하는 것 같다. 하지만 그것이 우리의 삶이 움직이는 방식이다. 당신이 믿는 일이 당신에게 일어난다. 당신의 삶이 어떻게 펼쳐질지 확신하는가? 그렇다면 그게 당신의 믿음이다. 그리고 **믿음은 지구상에서 그 어떤 것보다도 강력한 힘이다.**

한 젊은 의대생이 권위 있는 의사 협회의 의사들 앞에서 의사 면허 심사를 받고 있었다. 그는 이런 질문을 받았다. "왜 의사가 되려고 합니까?" 그는 "아주 어렸을 때부터 제가 의사가 될 것을 알았습니다. 제가 의사가 될 것이라는 데에 의심의 여지가 없습니다. 저는 개업의가 될 거고 훌륭한 의사가 될 겁니다."라고 대답했다. 그는 심사위원 앞에서 간청하지 않았다. 확고하게 자신은 의사가 될 것이라고 말했다. 심사위원에게는 선택의 여지가 없었다.

믿음은 열망 또는 희망과 무엇이 다를까? 믿음이 있으면 앞으로 어떻게 될지 안다. 그런데 열망이나 희망만 있어서는 그저 원하는 일을 바라기만 할 뿐이다. 믿음은 자신의 진정한 모습을 만들어 준다. 믿음이 강할수록 우리는 더 훌륭해진다. 어떤 사람은 자신의 말이 승인과 인정을 받을 것이라는 확신이 없으면 어떤 주제에 대해서도 의견을 개진하지 못하고 남들이 하는 말만 듣고 있다. 그런 사람들은 믿음이 없다. 그들은 다른 사람이 원하는 모습에 자신을 맞춘다. 그들은 카멜레온과 다를 바 없다. 주변 사람이 요구하는 색에 자신을 맞출 준비가 언제든 되어 있다. 그들은 믿음이라는 닻을 깊이 내려 삶의 깊숙한 곳을 탐험하는 법 없이 삶의 표면에서 이리저리 표류한다.

'당신의 삶에 무슨 일이 일어나리라 믿는가?'라는 질문은 '당신은 무엇을 믿는가? 그 믿음은 당신이 가진 모든 것을 기꺼이 걸 정도로 확고한가?'라는 의미이다.

누군가가 자신이 썩 괜찮은 사람이 아니라고 믿는다면 그 모습은 진짜 모습이다. 만약 자신이 가치 있는 존재이며 지구상에 유일무이한 존재이고 세상에 크게 이바지하고 목표를 이룰 수 있다고 믿는다면 그 모든 것은 진실이다. 그리고 현실로 이루어진다. 사람들이 지금 그 자리에 머무는 것은 그 자리가 자신이 마땅히 있어야 할 자리라고 믿기 때문이다. 또 더 높이 도약해 성공을 이루고 능력을 발휘하는 것은 그게 자신의 모습이라고 믿기 때문이다.

역사상 가장 위대한 멘토들은 동시대 사람들보다 훨씬 더 뛰어난 정신력을 가졌던 사람들이다. 그들은 하나같이 입을 모아 믿는 대로 이루어진다고 말했다. 친구여, 그게 바로 우리의 인생이 작동하는 방식이다. 골치 아프게 따지며 논쟁할 문제가 아니다.

이 진리에는 예외가 없다. 당신은 무엇을 믿는가? 당신이 믿는 것이 곧 당신의 삶이다.

최악은 삶이 어떤 식으로 펼쳐지리라는 확신을 잃는 것이다. 그런 확신을 잃으면 믿음이 사라진다. 믿음이 사라지면 삶은 빈 껍데기나 다름없다.

끊임없이 넘어져도 일어나는 사람들의 비밀

우리 삶의 곳곳에는 온갖 난관을 어떻게 통과하는지 테스트하는 시험 감독자가 숨어 있는 것처럼 보인다. 넘어져도 계속 다시 일어나는 사람은 결국 테스트를 모두 통과하여 가고자 하는 곳에 도착한다. 아주 힘든 일이지만 그렇다고 안 되는 일도 아니다. 우리 삶에 숨어 있는 시험 감독자는 사람들이 끈기 테스트를 통과하지 못하면 위대한 성취를 이루지 못하게 막는다. 그 테스트를 통과하지 못하는 사람은 한마디로 '성공할 수 없다'.

반면 테스트를 통과한 사람은 끈기에 대한 보상을 후하게 받는다. 자신이 추구하는 목표가 무엇이든 그것을 달성하게 된다. 그뿐만이 아니다. 물질적 보상 이상의 중요한 깨달음도 얻는다. **모든 실패에는 같은 크기의 성공의 씨앗이 있다**는 사실을 배우는 것이다. 누구나 실패에서 성공의 씨앗을 찾아내는 것은 아니다. 끈기의 힘이 성공을 가져다준다는 사실을 경험으로 아는 사람은 소수에 불과하기 때문이다. 끈기 있는 사람은 실패가 그저 일시적인 것에 불과하다고 생각한다. 그들은 끈기 있게 열망을 품어 마침내 실패를 성공으로 바꾼다.

얼마 전 나는 미식 축구팀 노트르담Notre Dame의 코치 크누트 로크니Knute Rockne에 관한 글을 읽었다. 그는 끈기의 힘을 믿었기에 포기하지 않고 시련을 인내할 수 있었다. 그의 한쪽 다리에는 혈전이 있었다. 의사는 혈전이 혈류를 타고 심장으로 가면 사망할 수도 있다고 말했다. 그 시기 노트르담 팀은 로크니의 집에서 멀리 떨어진 곳에 경기 일정이 잡혀 있었는데, 로크니는 들것에 실려서라도 경기장에 가겠다고 고집을 부렸다. 어쩔 수 없이 사람들은 그를 경기장으로 데리고 갔다. 그리고 선수 대기실로 데려가 눕혔다. 로크니의 얼굴에서 식은땀이 비 오듯 흘러내렸다. 극심한 고통을 느끼던 그는 가까스로 몸을 일으켜 말했다. "오늘 상대하는 팀은 작년에 우리에게 패배를 안겨 주었다. 나가라. 그리고 이겨라." 그러면서 한마디를 덧붙였다. "최고는 절대 지지 않는다." 로크니는 말을 마치자마자 들것에 쓰러져 가쁜 숨을 몰아쉬며 고통스러워 했다. 그의 열정을 흡수한 선수들은 그대로 경기장으로 향했다. 그날의 경기뿐만 아니라, 노트르담 팀은 로크니가 살아 있는 동안 두 번 다시 패배하지 않았다. 아파 누워 있어도 승리를 위해 끈질기게 싸운 로크니의 용기를 보면서 선수들은 용기가 사람을 거인으로 만든다는 사실을 깨달았기 때문이다.

인생의 방관자들에게는 주로 어떤 사람들이 보일까? 그들의 눈에는 패배해 쓰러져 다시는 일어나지 못하는 사람이 압도적으로 많아 보인다. 그리고 패배를 더 열심히 노력하라는 채찍질로 받아들이는 사람은 거의 보지 못한다. 이들은 인생에도 후진 기어가 있다는 사실을 결코 배우지 못한다. 하지만 넘어져도 계속 일어나는 사람에게는 구출의 손을 내미는 강력한 힘이 있다. 이 힘은 눈에 보이지 않지만 많은 사람이 이 힘의 존재를 믿는다. 말없이 나타나 거부할 수 없는 손을 내미는 이 힘을 '**끈기**'라고 한다.

끈기에 대해 할 말은 많지만 이 정도로 하자. 우리가 모두 알고 있는 한 가지 진리는 끈기가 없는 사람은 어떤 일에서도 주목할 만한 성공을 거두지 못한다는 사실이다.

◎

제대로 노력해 보지도 않고 포기한 게
언제가 마지막이었는가?

◎

실패에도 불구하고 끈기 있게 다시 시도한 경우는
언제가 마지막이었는가?

◎

그 경험들에서 무엇을 배웠는가?

겁쟁이는 수천 번 죽지만 용감한 사람은 단 한 번 죽는다

뛰어난 정신과 의사였던 빅터 프랭클Viktor Frankl은 나치의 강제수용소에서 이루 말할 수 없는 잔혹 행위를 견디고 생존했다. 그는 이렇게 말했다. "인간에게서 그 누구도 앗아갈 수 없는 권리는 주어진 상황에서 자신의 태도를 결정할 자유이다." 이를 알고 있었기 때문에 프랭클은 죽음의 수용소에서 생명이 꺼져 가는 순간에도 자유를 잃지 않고 목숨을 유지할 수 있었다.

내면의 요소인 태도는 우리가 어떤 상황에 처하든 우리를 자유롭게 할 수 있다. 심지어 극한의 시련 속에서도 쾌활함을 유지하겠다고 결정하면 그렇게 할 수 있다. 고대 철학자들도 이 진리를 깨달았다. 하지만 우리가 성숙해지면서 자신만의 자유를 찾으려면 태도의 중요성을 스스로 깨달아야 한다.

프랭클은 "공포는 당신이 두려워하는 일을 현실로 만든다."라고 썼다. 두려운 일을 상상하는 것만으로도 인간은 공포를 경험한다. 그러한 상상 속 고문은 두려운 일이 실제로 일어났을 때보다 더 고통스럽다. **"겁쟁이는 수천 번 죽지만 용감한 사람은 죽더라도 단 한 번 죽는다."**라는 격언은 진실로 참되다.

"공포는 당신이 두려워하는 일을 현실로 만든다." 어떤 일에 대해 너무 오랫동안 두려워하면 그 일이 실제로 일어날 수 있다. 상상과 현실은 크게 다르지 않다. 상상 속 공포와 현실에서 느끼는 공포는 똑같다. 몸과 마음이 밀접하게 연결되어 있기에 마음에서 반복적으로 피어나는 두려움은 필연적으로 신체에 해를 끼친다.

랠프 월도 에머슨Ralph Waldo Emerson은 "공포는 무지다."라고 말했다. 우리가 무언가를 두려워하는 이유는 그것의 진실을 모르기 때문이다. 여기서 말하는 두려움은 우리의 생명을 유지시켜 주는 자연스럽고 정상적인 두려움이 아니라 어떤 일에 대해 비합리적이고 비논리적으로 전전긍긍 걱정하며 괴로워하는 두려움이다. 만약 우리가 진실을 똑바로 본다면 두려움은 사라진다. 죽음에 대한 지나친 두려움이나 사랑 받지 못한다는 두려움 등이 사라질 것이다.

여기서 기억해야 할 것은 무언가를 두려워하면 마치 그 일이 실제로 일어난 듯한 고통을 경험한다는 것이다. 마음도 괴롭고 건강도 상한다. 그리고 프랭클의 말대로 두려워하는 일이 실제로 일어날 수 있다.

그렇다면 어떻게 두려워하는 태도를 바꿀 수 있을까? 저명한 정신과 의사이자《현실치료Reality Therapy》와《실패 없는 학교Schools Without Failure》의 저자 윌리엄 글래서William Glasser는 이렇게 말한다. "태도를 바꾸고 싶다면 먼저 행동을 바꿔라." 다시 말해서 당신이 가장 되고자 하는 사람처럼 행동하라는 말이다. 용기가 부족하더라도 용기 있는 사람처럼 행동하면 당신 안에 있는 두려움은 점차 사라질 것이다.

프랭클은 자신의 태도를 통제하면서부터 강제수용소가 더는 수용소가 아님을 알게 됐다. 그의 마음은 자유롭게 되어 자신이 원하는 대로 이리저리 돌아다닐 수 있었다. 그리고 생각하고 싶은 것은 무엇이든 생각할 수 있었다. 새처럼 자유로워진 것이다. 아니, 상상력을 최대한 발휘하면 당장이라도 땅끝까지 날아갈 수 있으니 어쩌면 새보다 더 자유로웠다. 당신도 그렇게 할 수 있다.

"인간에게서 그 누구도 앗아갈 수 없는 권리는 주어진 상황에서 자신의 태도를 결정할 자유이다." 환경이 당신을 지배하게 할 수도 있고 당신이 환경을 지배할 수도 있다. 당신의 태도가 당신의 삶을 책임지고 통제하게 하라.

"환경이 당신을 지배하게 할 수도 있고

당신이 환경을 지배할 수도 있다.

당신의 태도가 당신의 삶을 책임지고

통제하게 하라."

가장 하기 싫은 일도 하게 하는 힘

호주 시드니에서 미국으로 돌아가려고 비행기에 탑승할 때 멜버른에 사는 나의 오랜 친구 로리 레오폴드Roly Leopold가 작은 책자 하나를 내게 건넸다. 그는 말했다. "가는 동안 이 책을 읽으면 재미있을 거야." 책은 폴 스파이커Paul Speicher가 쓴《용기라는 선물The Gift of Courage》이었다. 일부를 인용해 보겠다.

"만약 신이 당신의 간절한 소원을 하나 들어준다고 하면 무엇을 말하겠는가? 백만 달러? 건강? 사업상의 문제를 해결할 기적의 해법? 만족하는 마음? 헌신적인 가족? 언덕에 올라 아침 햇살을 맞으며 여행하는 특권? 삶의 고단함으로부터의 해방?"

"즐거운 상상이 이루어지는 것보다 더 가치 있는 선물은 무엇인가? 현재 직면하고 있는 문제와 미래에 또다시 직면하게 될 문제를 헤쳐 나가는 데 도움이 되는 한 가지는 무엇인가? 싸웠으니 즐기고, 일했으니 쉬고, 씨를 뿌렸으니 거두려면 어떤 선물을 받아야 하는가?"

"당신이 손만 뻗으면 잡을 수 있는 선물이 있다. 스스로에게 줄 수 있고 은밀히 갈망해 온 모든 것을 이루게 해 줄 선물이다. 그 선물은 당신 앞에 놓인 험난한 길에서 모든 장애물을 기적처럼 말끔하게 치워 주고 진정한 행복의 길로 안내해 준다."

"그 선물은 바로 '**용기**'이다."

랠프 월도 에머슨은 이렇게 썼다. "용기는 모든 사물에 새로운 모양새를 입힌다." 용기가 무엇인지에 관해 이보다 더 정확하게 기술한 문장은 없다. 용기는 일단 생기기만 하면 상황을 언제나 더 좋은 쪽으로 바꿔 준다.

어떤 말이 불쑥 마음에 떠오를 때 때로는 침묵하는 것이 용기이다. 추운 새벽에 일어나기가 이 세상에서 가장 하기 싫은 일일 때, 출근을 위해 춥고 고통스러운 아침에 일어나는 것이 용기이다. 할 일을 해야 할 때 하는 것이 용기이다. 누군가를 해고해서 그 사람의 상황이 더 좋아진다면 해고하는 것이 용기이다. 자기 생각이 대중의 의견과 다르거나 인기 없다는 것을 알더라도 내면의 소리에 따라 말하는 것이 용기이다. 성공에 이르는 시간이 처음 생각했던 것보다 두 배, 세 배, 혹은 네 배가 걸려도 꾸준하게 성공을 위해 노력하는 것이 용기이다.

이누이트족이 도둑을 처벌하는 방법

사람들이 가장 두려워하는 형벌의 형태가 무엇일까? '비웃음'이다. 어느 지혜로운 사람은 이런 글을 남겼다. "인간 본성의 가장 깊은 곳에는 인정에 대한 갈망이 있다." 그리고 인정의 반대는 바로 조롱이다. 실제로 이누이트족에게 도둑을 처벌하는 유일한 방법은 도둑을 비웃는 일이다. 누군가가 도둑으로 밝혀지면 마을에 있는 이누이트족 전부가 그 사람을 볼 때마다 조롱하고 비웃는다. 그 결과 마을에서 도난이 거의 사라진다.

어린 학생들이 다른 아이들과 비슷한 옷을 입으려고 하는 이유도 비슷하다. 얼마 전 나는 운전을 하다가 네다섯 명의 여학생들이 통학 버스를 기다리는 모습을 보았다. 고등학생쯤 되어 보이는 아이들은 모두 똑같은 코트를 입고 있었다. 얼핏 보면 학교

교복 같았다.

다른 사람과 비슷하게 옷을 입으면 개성이 없어지고 군중에 섞여 개인은 사라지고 만다. 그래도 비웃음을 당할 위험을 감수하는 것보다야 개성이 없는 편이 훨씬 낫다고 생각하기에 사람들은 남과 비슷한 옷을 입는다. 성인과 비교해 아이들은 다른 아이들과 조금만 달라 보여도 바로 비웃음을 사기 때문에 남들이 어떤 옷을 입고 있는지 더 예민하게 의식한다.

비웃음은 가장 가혹한 형태의 비난이다. 비난에 대한 두려움 때문에 우리는 많은 일을 하지 못한다. 비웃음이 두려워 이누이트족 사이에서 도둑이 사라진 것처럼 비웃음은 나쁜 행동을 미연에 방지해 준다. 그건 좋은 일이다. 하지만 비웃음은 우리가 마땅히 해야 할 일과 옳은 일까지 하지 못하게 만든다. 비웃음은 환경이 가하는 거대한 압력이다.

어떤 사람이 냉소적인 동료들의 비웃음이 두려워 훌륭하고 성실하게 일하지 못한다고 생각해 보자. 그렇게 **비웃음의 형태로 받을 비난의 두려움은 한 사람의 인생을 작은 틀 안에 가두고 만다**. 그리고 자신의 행동이 남에게 어떻게 보일지 의식하지 않았다면 이룰 수 있었을 성공과 성취를 방해한다. 이때 옳고 그름에 대한 깊은 인식이 있다면 비난에 대한 두려움을 극복할 수 있다.

올바르게 생각하고 올바르게 행동하면 종종 비난과 조롱을 당한다. 반면에 잘못을 알면서도 문제 삼지 않으면 이웃이나 동료와 '좋은 관계'를 유지할 수 있다. 바로 이 지점에서 어른과 아이가 구별된다. 옳은 것을 옹호하는 마음보다 군중에 속하고자 하는 열망이 더 중요하게 느껴진다면 인간의 가장 중요한 특성 두 가지, 즉 용기와 성숙이 부족하다는 점을 인정해야 한다.

윈스턴 처칠은 이렇게 말했다. "용기는 인간이 가진 특성 중 가장 뛰어나다. 왜냐하면 용기야말로 다른 모든 특성을 보장하기 때문이다." 아이들이 성공적인 삶을 살 수 있게 가르쳐 주어야 하는 중요한 자질이 하나 있다면 그것은 용기이다.

아이들이 같은 반 학생들과 비슷한 옷을 입으려고 하는가? 괜찮다. 정상이다. 우리도 어렸을 때 그랬다. 하지만 아이들에게 이렇게 말해 주어야 한다. "또래 집단에 속해 친구들과 친하게 지내려는 건 자연스러운 욕망이란다. 그래서 너도 다른 학생들과 비슷하게 보이고 싶어 하는 마음이 있는 거지. 그런 마음에는 잘못된 게 전혀 없단다. 하지만 남과 비슷해지려는 욕망은 생각에서 끝내려고 계속 노력해야 해. 너는 한 개인으로 성장해야 한단다. 스스로의 목표를 세우고 스스로 생각하고 행동하려고 노력해야 해. 남들은 최대한 쉽게 일을 해치우려고 해도 너는 가능한 최선을 다해 네 일을 해야 해. 그래야 가장 행복하단다."

헌팅턴F. D. Huntington은 이렇게 썼다. "행동은 가장 위대한 선언이다. 행동은 우리 스스로가 누구인지 끊임없이 드러내 준다. 누군가가 하는 일은 그가 어떤 사람인지 알려 준다."

실패에 대한 두려움이
당신을 실패하게 한다

한 가지 상황을 가정해 보자. 길이 약 3.5미터, 너비 30센티미터, 두께 10센티미터의 나무판자 하나가 당신 앞에 놓여 있다. 누군가가 당신에게 나무판자 너머로 건너가 보라고 한다. 그러면 당신은 아마 그 나무판자의 한쪽 끝에서 다른 쪽 끝까지 아무 어려움 없이 걸어갈 수 있을 것이다. 이제 그 나무판자가 두 건물 사이에 놓여 있다고 상상해 보자. 30미터 상공에 나무판자를 걸쳐 두는 것이다. 나무판자 아래는 허공이며 30미터 아래 도로에는 자동차들이 빠르게 달리고 있다. 이때도 당신은 나무판자 위를 걸어갈 수 있을까? 조금 전과 똑같은 나무판자이며 걸어야 할 거리도 똑같다. 하지만 상황이 다르다. 이런 상황에서 나무판자 위를 걸으라고 하면 누구든 식은땀이 절로 날 것이다.

다른 예도 생각해 보자. 저녁 식사 자리에 둘러앉은 가족에게 당신이 굳게 믿는 삶의 철학에 대해 말한다고 하자. 어렵지 않을 것이다. 이제 관중을 바꿔 보자. 당신은 수천 명 앞에 서 있다. 그런 상황에서 말하려면 어떤 느낌이 들까? 같은 내용을 같은 방식으로 말하지만 당신 앞에 놓인 상황이 달라졌다.

나무판자 위를 걷는 것이나 자기 생각을 말하는 것은 어떤 상황에서는 쉽다. 하지만 그런 행동 자체에는 달라진 바가 전혀 없어도 환경이 바뀌면 새로운 요소가 개입한다. 무언가가 감정을 주무르기 시작하는 것이다. 그게 바로 두려움이다. 나쁜 일이 생길지도 모른다는 두려움이 정신에서 활개를 친다. 너무나 쉽고 자연스러운 행동이 두려움으로 인해 엄청나게 위험한 일로 바뀐다. 그래서 평소 같으면 자연스럽게 하던 일도 제대로 하지 못하게 된다.

나무판자가 땅에 놓여 있을 때 그 위를 걸을 수 있다면 똑같은 나무판자가 어디에 놓여 있든 그 위를 지날 수 있어야 이치에 맞다. 또 어떤 상황에서 말할 수 있는 이야기는 다른 상황에서도 말할 수 있어야 한다. 하지만 어떤 상황에서는 되는 일이 다른 상황에서는 안 된다. 어떤 상황에 효과적인 공식이라면 다른 상황에도 적용할 수 있어야 하지만 두려움 때문에 그렇게 하지 못한다. 안 좋은 일이 일어날지 모른다는 두려움으로 인해 잘하던 일도 못하는 것이다.

사람들은 실패할 위험을 감수해 가며 성공하기 위해 노력하기보다는 그냥 아무것도 하지 않고 실패하는 쪽을 택한다. 나무판자 위를 걸을 때 그것이 땅에 놓여 있든 높은 상공에 있든, 또 자기 신념을 가족 앞에서 이야기하든 객석에 앉은 사람들에게 연설하든 중요하지 않다. 더 큰 규모로 성공하려면 많은 것이 필요할까? 그렇지 않다. 모든 것은 멘탈 게임이다. 우리는 언제나 머릿속으로 시뮬레이션하기에 우리의 승패도 실제가 아닌 머릿속에서 이미 결정된다.

소위 평범한 사람들은 시도하는 것을 두려워해서 많은 것을 잃는다. 그들이 놓치는 것이 얼마나 많은지 어느 누가 짐작이나 할 수 있을까? 그들은 가족과 친구들이 자신을 실패자로 볼까 봐 또는 스스로 실패자라는 생각이 들까 봐 두려워한다. 게다가 작은 손해라도 볼까 봐 애초에 아무것도 시도하지 않는다. 그 두려움이 현실과 꿈 사이에 넘지 못하는 어마어마한 벽을 세운다. 그들은 벽 너머에 있는 자신의 꿈을 동경하며 상황이 더 나아질 때까지 또는 부자 삼촌이 죽어 많은 유산을 남길 때까지 기다린다. 하지만 기다리는 동안 벽은 점점 높아진다. 상황은 늘 그대로이고 부자 삼촌은 다른 가족보다 더 오래 산다. 결국에는 아무리 까치발을 하고 서도 벽 너머를 볼 수 없다. 벽은 너무 높아졌고 이제는 너무 늦었다. 그래서? 꿈은 그냥 꿈, 하나의 생각으로 남는다.

그렇다. 그게 다다. 하나의 생각, 꿈으로 남는 것이다. 하지만 벽이 너무 높아지기 전에 그 벽을 넘어갔다면 지금쯤 어떤 일이 펼쳐졌을까?

불행을 완성하는 최후의 감정은 체념이다

발자크의 명문장을 소개하겠다. "불행한 사람은 스스로 체념함으로써 불행을 완성한다."

이 말에는 진실이 담겨 있다. 또 어째서 불필요한 고통이 생기는지 암시되어 있다. 불행에 머물게 되는 유일한 이유는 스스로 체념해서, 즉 포기해서이다. "세상이 돌아가는 방식이 원래 그래."라거나 "인생이 다 그렇지."라고 말하며 인생의 바닥에 머무는 사람이 수백만, 아니 수천만 명에 이른다. 문제가 없던 사람도 삶을 체념해 버리는 순간 불행에 머물게 된다.

그런 태도는 소나 돼지에게나 어울린다. 소나 돼지는 삶을 있는 그대로 받아들일 수밖에 없기 때문이다. 하지만 사람은 그렇게 해서는 안 된다. 상황이 나쁘게 흘러갈 때 사람은 상황을 유리하게 바꿀 수 있다. 예를 들어 돈이 많지 않으면 더 많은 돈을 벌 방법을 찾을 수 있다. 이웃이 마음에 들지 않으면 이사 갈 수 있으며 직장이 싫으면 그만둘 수 있다. 또 무지가 싫으면 교육을 받을 수도 있다. 실제로 원하는 것은 무엇이든 할 수 있다. 하지만 사람들은 대부분 그 사실을 모른다. 그래서 나쁜 일이 생길 때마다 슬픈 표정으로 어깨를 으쓱하며 이렇게 말하는 것이다. "인생이 다 그렇지, 뭐." 세상 사람 모두가 그런 말만 하며 살아왔다면 우리는 지금까지도 실오라기 하나 걸치지 않고 뛰어다니며 서로를 향해 돌을 던지면서 살고 있을 것이다.

발자크의 명문장을 다시 생각해 보자. 그는 "불행한 사람은 스스로 체념함으로써 불행을 완성한다."라고 말했다. 다시 말해서 불행한 사람은 자포자기 상태에 빠져 나쁜 상황을 더욱 악화시키고 그 상황에서 빠져나오지 않는다.

지구상의 모든 사람이 때때로 겪는 실패는 어쩔 수 없는 삶의 한 부분이다. 실패는 화재, 홍수, 토네이도, 허리케인, 지진처럼 피할 수 없다. 하지만 다행히도 사람은 환경을 만든다. 그리고 환경이 파괴되면 다시 만들고 더 낫게 재건한다. 폭풍우가 삶의 터전을 휩쓸고 가더라도 그냥 주저앉아 체념하지 않는다. 심지어 다음에는 더 나은 방식으로 재건하기 때문에 또다시 폭풍우가 몰려오더라도 끄떡없으며 피해가 있더라도 심각하지 않다. 이렇게 해서 인간 삶의 터전이 움막에서 고층 건물로 발전할 수 있었던

◎

최근에 두려움 때문에 피한 일이 무엇인가?

◎

두려워도 해야 하는 일을 결정하고
그 일을 하겠다고 다짐하라. 실패하면 다시 시도하라.
거기서 교훈을 얻어라.

것이다.

죽음과 세금 말고는 내 마음대로 못할 것이 없다. 상황이 나쁘거나 운이 안 좋거나 불쾌할 때 자포자기해 버리면 발자크의 말대로 불행을 완성하게 된다.

될 대로 대라며 한숨짓고 체념하는 사람보다 더 불쌍한 사람이 또 있을까. 그들은 고민보다 불평을, 행동보다 푸념을 택한다. 또 스스로 무언가를 하기보다 남들에게 도움을 요청한다. 주변에 그런 사람이 있다면, 그리고 당신이 강하지 않아 그들의 영향을 받을 가능성이 있다면 그들을 멀리하는 게 상책이다. 그들은 자신의 바이러스를 당신에게 옮기고 흙탕물을 튀길 것이다. 그들을 돕기란 불가능하다. 당신이 그들의 손을 놓자마자 그들은 힘없는 인형처럼 털썩 주저앉고 말 것이다. 그들의 치명적인 습관을 배우지 않도록 조심해야 한다.

상황이 절망적으로 보일 때 이 점을 기억하라. 당신에게는 상황을 바꿀 힘이 있고 지구상에서 당신이 그 힘을 가진 유일한 존재이다. 다음번에는 상황을 더 낫고 강력하게 만들어라. 무엇이든 하라. 나쁜 상황을 좋은 상황으로 바꿔라. 방법을 묻지 마라. 스스로 방법을 찾아내라!

이런 글이 있다. "(작은 피해보다) 큰 피해를 얻는 것이 때로는 더 낫다. 작은 피해는 그 해를 견디는 데 익숙해지게 할 뿐이다. 큰 피해를 얻으면 작은 피해에 익숙해지는 일을 피할 수 있다."

"상황이 절망적으로 보일 때

이 점을 기억하라.

당신에게는 상황을 바꿀 힘이 있고

지구상에서 당신이 그 힘을 가진

유일한 존재이다."

6장

끈기를 잃지 말라

"희망은 행동할 때 발견할 수 있으며
오랜 시간 끈기 있게 행동할 때 희망은 현실이 된다."

결국 마지막에 성공하는 사람은 계속해서 시도한 사람이다

아기는 기본적 욕구 몇 가지를 가지고 태어난다. 오래전부터 심리학자들이 그러한 욕구를 설명해 왔는데, 그중 무언가를 계속 '끈기 있게 하려는 욕구'에 나는 가장 관심이 간다. 무언가를 계속하려고 하고, 새로운 기회가 한 번 더 오기를 기다리고, 시도하고 또 반복해서 시도하는 것은 누구도 앗아갈 수 없는 사람의 기본적 욕구다.

아무리 쓰러지고 패배하고 사기가 꺾여도, 그래서 모든 희망이 사라진 것처럼 보여도 정신이 건강한 사람에게는 언제나 희망의 불꽃이 있다. 이 불꽃은 이곳저곳을 이동하며 살던 고대인들이 늘 가지고 다녔던 불씨처럼 희미하지만 결코 꺼지지 않는다.

철의 장막Iron Curtain(제2차 세계대전 후 소련 진영에 속하는 국가들의 폐쇄성을 풍자한 표현—역자주)에서 탈출한 이들, 또 베트남과 캄보디아와 아프가니스탄 등의 나라에서 도망쳐 나온 난민들의 얼굴에도 그러한 불꽃이 있었다. 제2차 세계대전 끝에 연합군이 히틀러가 만든 죽음의 수용소에서 수용자를 해방시킬 때에도 그들의 수척해진 얼굴에는 희망의 불꽃이 타오르고 있었다. 어디로 가는지 모르는 길이 끝없이 이어진 것처럼 보여도 끊임없이 한 발 한 발 내딛게 하는 것이 바로 희망이다. 수 세기가 흐르는 동안 인류의 진보를 이끈 것은 희망을 바라보며 끈기 있게 계속 나아가려는 욕구였다. 이 욕구가 있었기에 인류는 지칠 줄 모르고 계속 시도하고 또 시도했다.

누구나 살다 보면 아무리 노력해도 소용이나 가망이 없다고 느낄 때가 있다. 온갖 사건들이 줄지어 닥치고 힘겨운 상황이 짓눌러 숨조차 쉬기 어렵다고 느껴질 때가 있고 길 한가운데 주저앉아 이 세상과 세상의 모든 것들을 놓아 버리고 싶을 때가 있다. 그럴 때 사람들은 한동안 주저앉아 절망한다.

하지만 그중 어떤 사람은 세상의 진동이 저절로 뼛속까지 스며드는 것을 느낀다. 그러면 그는 곧 고개를 들고 주변을 둘러보기 시작한다. 잠시 후 깊은 숨을 몇 번 들이쉬고 고통스럽지만 천천히 발을 내디딘다. 잠시 불안하게 휘청거리지만 곧 다시 발을 내디딘다. 그렇게 앞으로 나아가다가 다음 모퉁이를 돈다. 모퉁이를 도는 순간 다시 시작해야 하는 이유를 찾게 된다. 그리고 하마터면 포기할 뻔했다는 생각에 몸서리칠 것이다.

희망은 행동할 때 발견할 수 있으며 오랜 시간 끈기 있게 행동할 때 희망은 현실이 된다. 일어나서 다시 발을 내딛기 시작하지 않았다면 그대로 끝이었을 것이다. 하지만 그에게는 계속 나아가고 싶다는 타고난 욕구가 있었다. 세상이 끝난 것처럼 보여도 목표를 향해 계속 나아가는 한 좌절은 한순간의 악몽에 불과하며 끈기를 통해 성취를 맛보기 위한 준비 과정일 뿐이다.

행동과 시간이 보장되면 평균의 법칙에 따라 승률은 올라가게 되어 있다. 메이저 리그 야구팀의 감독에 관한 기사를 읽은 적이 있다. 그 감독은 한 신인 선수를 라인업에 계속 포함시켰다. 그 선수가 기대한 만큼 타격 점수를 내지 못하더라도 삼진 아웃이 될 때면 늘 스윙 아웃을 당했기 때문이다(야구에서 스윙 아웃은 타자가 투 스트라이크에서 배트를 휘둘렀으나 공을 맞추지 못하여 아웃되는 일이다.—역자주). 그는 가만히 서서 스트라이크 볼이 지나가도록 지켜보고만 있지 않았다. 결국 감독의 예상대로 그는 배트로 볼을 치기 시작했고 평균 타격 점수를 끌어올렸다.

낙담은 삶의 한 부분이다. 그런데도 인생에서 승리하는 사람이 있다. 그 이유는 계속 시도하려는 타고난 욕구 때문이다.

자기 연민에 빠지지 말고 일하는 개미가 되어라

해야 할 일을 오랫동안 쳐다만 보고 있으면 점점 하기 싫어지지 않던가? 해야 할 일을 미룰수록 그 일을 시작하기가 더 어렵지 않았는가? 해야 하는 일을 일단 시작해 보라. 그러면 상당한 좌절감과 불행을 피할 수 있다.

위대한 저널리스트 아서 브리즈번Arthur Brisbane은 이런 글을 남겼다. "당신의 중요성이나 역량, 고통을 과장하지 마라. 당신은 인간 개미집에 있는 개미일 뿐이다. 자기 연민에 빠진 멍청한 벌레가 되지 말고 일하는 개미가 되어라." 강력한 표현이지만 많은 교훈이 담겨 있는 말이다.

무거운 물건을 들고 옮길 때를 생각해 보자. 물건을 들고 계속 이동하는 중에는 괜찮지만 잠깐 멈춰서 물건을 내려놓았다가 다시 들려고 하면 더 무겁게 느껴진다. 가야 할 거리는 더 멀어진 것 같고 물건을 옮기는 일은 훨씬 더 어렵게 느껴진다.

때로는 일이 산더미처럼 쌓여 있어서 어떻게 시작해야 할지 방법이 안 보일 때가 있다. 하지만 방법은 있다. 가장 중요한 일을 먼저 골라라. 그리고 일단 그 일을 시작하라. 시작하고 나면 기분이 좋아질 것이고 곧 생각만큼 힘들지는 않다는 사실을 알게 될 것이다. 그렇게 일을 하다 보면 얼마 지나지 않아 그토록 버거워 보이던 일을 끝내게 될 것이다.

우리를 숨 막히게 하는 것은 일 자체가 아니다. 그 일이 무척 어려울 것이라는 걱정이 우리를 짓누른다. 그러면 일은 하루하루 눈덩이처럼 늘어난다. 점점 일을 미루게 되고 어떻게든 그 일이 기적처럼 사라지기를 바라게 된다.

중국 속담에 '천 리 길도 한 걸음부터'라는 말이 있다. 이 한 걸음은 두 가지 일을 해낸다. 먼저, 그만큼 가야 할 거리가 짧아진다. 두 번째로(이게 더 중요하다), 기분이 좋아진다. 희망이 커지고 믿음이 강해진다. 한 걸음 한 걸음 계속 앞으로 나아가는 사람은 새롭고 흥미진진한 곳으로 가게 된다. 그곳에서 새롭고 흥미로운 일들을 보면 아이디어가 샘솟는다. 이런 아이디어는 계속해서 출발점에 머물렀다면 떠오르지 않았을 생각들이다. 그리고 여정이 끝난다. 여정을 끝내고 나면 왜 그렇게 오랫동안 출발점에서 가만히 앉아 걱정만 했는지 의아해진다. 해야 할 일이 얼마나 어려울까, 얼마나 오래 걸릴까 걱정만 하며 시간을 보냈던 자신이 이해되지 않는다.

돌이켜 보면 새로운 프로젝트를 끝내거나 걱정했던 임무를 맡아서 잘 해낸 다음이 가장 행복하고 만족스럽지 않았는가? 그런 일들은 생각만큼 나쁘지 않다. 또 성취하고 난 다음에 얻는 기쁨을 생각해 보면 충분히 할 가치가 있는 일이다. **일은 누구도 죽이지 않는다. 실제로 해를 끼치는 건 걱정이다. 그리고 마음을 먹고 본격적으로 일을 시작하면 걱정은 사라진다.**

캘빈 쿨리지Calvin Coolidge는 이렇게 말했다. "모든 발전은 활동에 달렸다. 노력하지 않으면 신체적으로든 지적으로든 발전하지 않는다. 노력은 일을 의미한다. 일은 저주가 아니다. 그것은 지성 있는 자의 특권이며 인간임을 보여 주는 유일한 수단이자 문명의 척도이다."

“모든 발전은 활동에 달렸다.

노력하지 않으면

신체적으로든 지적으로든

발전하지 않는다.”

다시 일어나기만 한다면
넘어지는 것은 실패가 아니다

메리 픽퍼드Mary Pickford는 이런 말을 했다. "평생의 습관을 버려야 하거나 그동안 누려 온 삶의 방식을 갑자기 잃는다고 해서 그 상황을 막다른 길로 보지 마라. 길모퉁이를 돌면 온갖 흥미로운 가능성과 새로운 경험들이 나타날 것이다. 어쨌든 당신은 너무 오랫동안 낡은 길의 풍경을 봐 왔다. 분명히 이제는 그 풍경이 마음에 들지 않을 것이다."

오랜 습관을 버리려고 하면 당장은 막다른 길을 마주한 것처럼 느껴진다. 삶의 즐거움이 완전히 끝나는 것 같은 기분이 든다. 늘 하던 습관적인 행동을 갑자기 중단하니 한동안은 그 일을 다시 하고 싶은 갈망이 마음에 가득하다. 더는 마음의 평화도, 즐거움도 얻지 못할 것 같다. 하지만 그렇지 않다. 새로운 습관이 놀랍도록 빠른 속도로 자리 잡으면서 완전히 새로운 세계가 펼쳐진다.

나쁜 습관을 버리려고 반복적으로 노력하지만 계속 실패하는 사람들에게 메리 픽퍼드는 이렇게 말했다. "다시 일어나기만 한다면 넘어지는 것은 실패가 아니다." 바꾸고 싶은 습관과의 전쟁에서 기어코 승리한 사람들은 반복적인 실패 후에야 그런 승리를 맛보았다. 이는 대부분의 일에 적용된다. 따라서 **실패를 막다른 길에 처한 것으로 생각하지 말고 모퉁이를 도는 것으로 생각하라. 다시 일어나기만 한다면 넘어지는 것은 실패가 아니다.**

아서 밀러Arthur Miller의 연극 〈더 프라이스The Price〉가 기억난다. 연극에 나온 아버지는 1928년 주식 시장 붕괴로 모든 것을 잃었다. 그리고 남은 생애를 친척 집 다락방에서 지냈다. 그는 실패했다. 모든 것을 잃고 패배자로 살아갔으니 말이다. 세상에는 그 아버지처럼 다시 일어나거나 새로 시작할 힘과 에너지가 없는 사람도 있는 것 같다. 그런 사람은 주식 붕괴 같은 상황을 막다른 길로 본다. 그래서 완전히 주저앉고 만다. 많은 사람이 그렇게 껍데기뿐인 삶을 산다. 마음과 영혼에 깊이가 거의 없기에 갑자기 수입원이 없어지거나 가진 돈을 잃으면 감당하지 못하고 창밖으로 뛰어내리거나 제정신을 유지하지 못한다.

어느 소년의 이야기를 들은 적이 있다. 그 소년은 뒷마당의 담장을 넘어가고 싶어 했다. 한동안 서서 담장을 바라보다가 상자 하나를 끌고 와 담장을 넘기로 결심했다. 상자를 담장까지 끌고 오는 도중에도 여러 번 상자를 놓치고 넘어지기를 반복했다. 담장 밑에 상자를 갖다 놓는 데 성공한 소년은 수없이 오르고 떨어지기를 반복하다가 드디어 상자 위로 올라갔다. 하지만 담장 끝에 닿을 수 없었다. 소년은 다시 시작했다. 이번에는 큰 상자 위에 올릴 작은 상자를 끌고 왔다. 이번에도 여러 번 넘어지고 다시 일어나야 했다. 작은 상자를 끌어당기고, 밀고, 들어 올리고, 떨어뜨리는 일을 무수히 반복한 끝에 마침내 큰 상자 위에 작은 상자를 올릴 수 있었다. 소년은 그 위로 열심히 기어 올라가 드디어 담장 끝을 잡았다. 그리고 담장 너머로 쿵 뛰어내렸다.

당신이 새로운 일을 시작하기 위해 노력하고 있다면 이 소년의 이야기와 함께 메리 픽퍼드의 조언을 기억하면 도움이 될 것이다. "그것은 막다른 길이 아니라 모퉁이일 뿐이다. 다시 일어나기만 한다면 넘어지는 것은 실패가 아니다."

당신에게는 지쳐어도 계속할 수 있는 힘이 있다

여러 해 전 나는 윌리엄 제임스William James 교수의 훌륭한 소책자 《에너지 저장고On Vital Reserves》라는 책을 발견했다. 책의 내용에 따르면, 일을 하다 보면 누구나 머리로든 몸으로든 지겹다고 느끼는 순간이 있다. 하지만 그 순간을 극복하면 일에 다시 박차를 가하는 것이 무엇을 의미하는지 알게 된다. 이렇게 박차를 가하는 과정은 특히 '세컨드 윈드second wind'(지친 시기를 극복하고 계속 힘을 내게 되는 시점—역자주)로 알려진 현상이 나타날 때 두드러진다.

요즘 사람들은 대부분 피곤을 느끼자마자 일을 중단한다. 그들은 "이봐, 나 너무 지쳤어."라고 말한다. 그리고 그날 일을 끝낸다. 제임스 교수는 이렇게 말한다. "일을 끝낸 다음 돌아다니거나 논다. 아니면 지겹도록 일하다가 그만둔다." 힘들다는 생각이 들면 그냥 쉬는 것이다. 이런 종류의 피로는 내면에 벽을 만들어 일을 중단하게 한다. 일반적으로 우리는 일을 하며 살아간다. 그런데 어쩔 수 없이 쉬지 못하고 계속 일할 수밖에 없을 때 놀라운 일이 벌어진다. 피로가 어떤 임계점까지 계속 쌓이다가 점차 혹은 갑자기 사라지는 것이다. 그리고 전보다 몸이 더 가뿐해진다. 그동안 '피로 장벽fatigue barrier'(신체 및 정신적 활동을 중단하게 하는 피로—역자주)이 우리를 지배하고 있어서 찾아내지 못했던 새로운 에너지를 활용하기 시작하는 게 틀림없다. 어쩌면 서드 윈드third wind나 포스 윈드fourth wind를 찾아낼지도 모른다(세컨드 윈드 이후에도 힘을 내게 되는 시점이 있을 수 있음을 말하기 위해 저자는 서드 윈드와 포스 윈드라는 표현을 사용했다.—역자주).

이 현상은 신체적 활동뿐 아니라 정신적 활동을 할 때에도 나타난다. 피로의 임계점을 지나면 당신은 스스로 상상도 하지 못했던 에너지 저장고를 발견하게 될 것이다. 아마 우리는 평소에 사용하지 않는 에너지를 어딘가에 비축하고 있는 것이 틀림없다. 이 에너지는 평소에는 드러나지 않다가 치열하게 자신을 몰아붙일 때에만 꺼내 사용할 수 있다.

아주 소수의 탁월한 사람만 치열하게 노력하고 죽을힘을 다하다가 마침내 비축된 에너지를 꺼내 쓴다. 대다수의 사람은 피곤이 느껴지자마자 일을 중단하고 쉰다. 그래서 훨씬 더 탁월한 성취를 이루어 만족스러운 삶을 살 수 있는데도 그렇게 하지 못한다.

어느 일요일에 있었던 일이다. 나는 그날 하루에 라디오 방송에 보낼 원고 10개를 써야 했다. 아침 9시부터 글을 쓰기 시작했는데 오후 5시 무렵이 되니 너무 지쳐서 아무리 머리를 쥐어짜도 글이 떠오르지 않았다. 그때까지 원고를 5개밖에 쓰지 못했는데 말이다. 하지만 어쩔 수 없었다. 나는 앉아서 계속 글을 썼다. 그런데 갑자기 기분이 좋아지더니 전보다 더 많은 에너지가 생겼다. 그리고 다음 날 새벽 1시 30분쯤에 모든 원고를 완성했다. 기분이 아주 좋았다.

16시간 30분 정도 정신노동을 지속한 후에 나는 싱그러운 수선화처럼 활력이 넘쳤다! 그런데 고작 7~8시간 정도 일했을 시점에 그만하고 싶다는 생각이 들었다니.

그러니 당신도 무언가 중요한 일을 할 때에는 피곤함이 느껴지더라도 일단 중단하지 말고 계속하라. 그리고 무슨 일이 일어나는지 보라. 우리 각자에게는 신체와 정신에 엄청나게 강력한 세컨드 윈드가 있다. 피로 장벽을 뚫고 비축된 에너지를 활용한다면 당신의 삶은 엄청나게 달라질 것이다. 그저 존재하는 수준을 넘어 진정한 삶을 살게 될 것이다.

에머슨은 이렇게 말했다. "활력은 전염성이 있다. 우리의 생각과 깊은 감정을 자극하는 모든 것들은 우리를 강하게 만들고 우리의 활동 반경을 넓혀 준다."

때로는 기다리기만 해도 모든 것이 이루어진다

아이는 영화 시작 전 5분을 못 참는다. 몇 분만 지나면 할머니 댁에 도착한다고 말해도 못 견디기는 마찬가지다. 아이에게 그 시간은 마치 영원처럼 느껴지는 듯하다. 몇 년은 말할 것도 없고 몇 달을 기다리라는 말조차 인내심 없는 아이들에게는 펄쩍 뛸 이야기다.

세월이 흘러 아이가 성숙해졌는지 보려면 인내심을 얼마나 길렀는지 보면 된다. 나이가 들수록, 그리고 누구나 바라는 대로 지혜로워질수록 인내심의 중요성을 깨닫게 된다. 인생에 아무리 많은 문제가 산재해 있어도 시간이 지나면 해결되는 경우가 많으니 크게 당황할 필요가 없다는 사실을 배운다. 모든 사람은 마치 커다란 바퀴로 천천히 움직이는 마차에 타고 있는 것 같다. 속도는 아주 더디지만 올바른 방향으로 간다면 시간이 흘러 결국 진정으로 어른이 된다.

폭력 범죄는 흔히 인내심이 부족해서 생긴다. 이혼하는 부부가 수백만 쌍에 이르는 이유도 같을 것이다. 부모들은 자녀의 행동을 '조금만 참아줄 걸' 하고 후회할 때가 얼마나 많은가? 사람들은 일반적으로 뒤늦게 자신이 어리석었음을 인정한다. 그리고 그 이유가 인내심의 부족임을 알게 된다. 조금만 참았더라면 모든 것이 괜찮았을 텐데 말이다.

기다리기만 하면 모든 것이 제대로 된다는 말이 있다. 벤저민 프랭클린Benjamin Franklin은 이렇게 말했다. "인내심이 있는 사람은 자신이 가지려는 것을 가질 수 있다." 호러스 부슈널Horace Bushnell은 이런 글을 썼다. "어떤 행동을 해야 위대해질 수 있는 것은 아니다. 그저 인내하기만 해도 종종 가장 위대하고 숭고한 일을 이룬다." 드 메스트르de Maistre는 "기다리는 법을 아는 것이 성공의 큰 비법이다."라고 말했다. 셰익스피어의 말도 빼놓을 수 없다. 그는 "인내심 없는 자여, 참으로 불쌍하구나! 서서히 아물지 않는 상처가 어디 있단 말인가."라고 했다.

인내심은 소극적 특성이 아니다. 아무것도 안 하고 가만히 있는 태도도 아니고 차가운 무감각과도 거리가 멀다. 오히려 인내심은 적극적 특성이며 집중된 힘이자 끈기다. **끈기가 이긴다는 사실을 아는 것이 인내다.**

아리스토텔레스는 "인내는 불굴의 용기의 딸이자 자매다."라고 썼고 루소는 "인내는 쓰지만 그 열매는 달다."라고 말했다.

성공한 인생, 훌륭한 가정, 탁월한 경력, 위대한 기업, 놀라운 성취 등 이 모든 것은 인내심이 있어야 이룰 수 있다. 타인, 세상, 자기 자신에 대해 인내심을 나타내야 위대한 성취를 이루게 된다.

누구에게나 날마다 새로운 한 해가 시작한다는 말이 있다. 하루를 새롭게 시작하며 조금 더 나은 사람이 되고 싶다면 매일 볼 수 있는 곳에 '인내'라는 단어를 써 두어라. 수십 년 뒤에 돌아본다면 그 하나의 단어가 당신의 인생에 얼마나 큰 영향을 미치는지 알고 놀라게 될 것이다.

진정한 인내와 억지로 참는 것에는 큰 차이가 있다. 진정한 인내가 사랑의 미소를 짓는 것이라면 억지로 참는 것은 악의적으로 이를 악무는 것과 같다. 당신이 원하는 것을 아직 얻지 못했다면 사랑의 미소를 지으며 꾸준히 노력하고 인내하라.

"하루를 새롭게 시작하며

조금 더 나은 사람이 되고 싶다면

매일 볼 수 있는 곳에

'인내'라는 단어를 써 두어라."

7장

과감히 위험을 감수하라

"유일하게 실패자라고 부를 수 있는 사람은
어떤 일에서도 성공해 보려고 노력하지 않은 사람이다."

가시에 찔리지 않으려면 강하게 움켜쥐는 법을 배워야 한다

스토아학파 철학자 에픽테토스는 이렇게 가르쳤다. "역경이 닥쳐야 비로소 자신이 누구인지 알게 된다. 온갖 사건이 닥칠 때마다 스스로를 돌아보라. 그리고 자신에게 있는 어떤 힘을 활용해 그 역경을 헤쳐 나갈지 생각하라."

"기회는 성공의 최전성기를 누릴 때보다 불행이 닥쳤을 때 더 확실하게 찾아온다. 위기의 순간이 닥치면 날카로운 사고력을 발휘하게 된다. 그래서 지혜로운 판단력으로 상황을 더 명확하게 보고 평가할 수 있다."

내가 관찰한 바에 따르면 사람들은 다양한 위험에 대해 점점 더 많은 두려움을 갖는 것 같다. 문제를 고민하며 해결책을 찾아낼 생각은 하지 않고 앞다퉈 안전지대로 들어가는 데만 혈안이 된 듯한 모습이다.

우리 인생에서 확보할 수 있는 안전지대는 단 하나, 내면의 안정감이다. 내면의 안정감은 용기와 경험, 배우고 도전하며 성장하려는 의지와 능력이 있을 때 얻을 수 있다. 지혜로운 사람이 찾는 건 안전지대가 아니라 기회다. 기회를 찾기 시작한다면 언제 어디서든 찾을 수 있다. 위험이 있는 곳에 기회도 있다. 위험과 기회는 함께 다니기 때문이다.

제2차 세계대전 때 명성을 날린 사령관 윌리엄 홀시William Halsey는 이렇게 말했다. "엉겅퀴를 소심하게 잡으면 가시가 당신을 찌른다. 하지만 강하게 움켜쥐면 가시들이 바스러진다. 문제를 피하지 않고 정면으로 맞서면 모든 문제가 작아진다." 누구나 이를 알고 있지만 문제에 휩싸이면 까맣게 잊어버리는 것 같다.

"역경이 닥쳐야 비로소 자신이 누구인지 알게 된다."라는 에픽테토스의 말을 나는 특히 좋아한다. 역경이 닥칠 때 우리는 자신을 제대로 알게 된다. 그때 우리는 자신의 진정한 모습을 마주하게 되며 어느 정도 성숙했고 성장했는지 깨닫는다.

지난 시간을 후회해 봤자 소용없다. 과거에는 상황을 잘 판단하지 못했다. 당시에는 준비가 안 되어 있었고 충분히 성숙하지 못했다. 현명하지도 않았다. 하지만 과거는 지난 일이다. 중요한 것은 현재의 어려움에 어떻게 대처하느냐다. 그래서 우리는 에픽테토스의 조언에 담긴 진실과 지혜를 마음에 새겨야 한다. **"기회는 성공의 최전성기를 누릴 때보다 불행이 닥쳤을 때 더 확실하게 찾아온다."**

크게 성공한 사람은 대부분 자신의 성공이 역경 속에서 이루어졌다는 사실을 알고 있다. 우리를 괴롭히는 것은 문제가 아니다. 놀랍게도 수백만 명의 사람들에게 아주 비슷한 문제들이 닥친다. 이때 개인의 성장과 성숙뿐 아니라 미래의 성공을 결정하는 것은 문제에 대처하는 태도이다. 그리고 태도는 건강에도 큰 영향을 미친다.

'안전지대'라는 단어를 당신의 삶에서 완전히 제거하라. 그러면 어린아이 때 느꼈던 자유로움을 다시 느끼게 될 것이다. 그리고 진정한 삶이 무엇인지 깨닫기 시작할 것이다. 진정한 삶을 즐기기 시작하라.

위대한 도전은 자주 오해를 받는다

창의력을 발휘하고 계산된 위험을 기꺼이 감수함으로써 세계적으로 성공을 거둔 사람들이 있다. 그들은 조롱에 대한 두려움을 극복한 사람들이다. 실패할 위험이 있는 일을 시도한다는 것은 그 자체로 비웃음을 당할 위험을 감수한다는 뜻이다.

어느 대학의 한 교수는 수년 동안 발명품을 만드는 데 집중했다. 그리고 뉴잉글랜드 전역을 돌아다니며 자신의 발명품에 대한 투자를 유치하려고 노력했다. 그의 발명품은 사람의 목소리를 전선을 통해 먼 곳까지 전달시키는 장치였다. 사람들은 그를 비웃었다. "어떻게 사람 목소리가 전선을 타고 이동한다는 거야?", "사람 목소리를 수십 킬로미터 떨어진 곳까지 들리게 한다는 게 말이나 돼?", "1킬로미터 떨어진 곳에서도 불가능할 걸."

사람들은 그에게 멍청이처럼 허무맹랑한 소리나 늘어놓는다고 말했다. 하지만 인류의 삶에 전에 없던 편리함을 안겨 준 우리의 오랜 친구 알렉산더 그레이엄 벨Alexander Graham Bell은 비웃음을 당하고만 있지 않았다. 우리는 전화를 걸 때마다 남들의 비웃음에도 굴하지 않고 가야 할 길을 꾸준하게 갔던 그 남자에게 경의를 표해야 한다.

수백만 명이 우리를 비웃어도 그런 조롱은 우리의 털끝 하나 해칠 수 없다. 그런데도 우리는 그런 조롱에 극심한 공포를 느낀다. 심각한 위기 상황을 이겨 낼 수 있는 사람들도 남들의 조롱이 무서워 아무 행동도 하지 못한다. 이는 어린 시절부터 발달하는 인간의 독특한 특성이기도 하다. 조롱에 대한 공포에는 많은 대가가 따른다. 그로 인해 세계의 역사가 뒤바뀌는 일도 생겼다. 조롱을 두려워하면 때때로 명성이나 부로 향하는 문이 닫힐 수 있다. 불후의 업적을 남길 수 있는데도 조롱에 대한 공포가 그 싹을 잘라 버릴 수 있다.

일라이어스 하우Elias Howe는 재봉틀을 발명했지만 거의 녹이 슬어 못 쓰게 되고는 했다. 미국 여성들이 그 발명품을 계속 비웃고 사용해 보려고 하지 않았기 때문이다. 한 화가는 비극적인 그림을 그려 "바느질이 그렇게 빨리 끝나 버리면 남는 시간에 무엇을 한다는 말인가?"라는 질문을 던졌다. 여성의 노동을 덜어 주기 위해 누구보다 더 많은 일을 한 그 남자는 공개 석상에 나올 때마다 옷 한 벌이 없어 남에게 빌려야 했다.

새로운 아이디어에 대한 저항은 남성도 여성 못지않게 심각하다. 타자기를 구매하라고 사업가들을 설득하는 데만 수년이 걸렸다. 사업가들은 "글 쓰는 기계를 100달러를 주고 구매하라고? 투자 가치가 있을 만큼 많은 서한을 작성하는 사람이 있을까?"라며 타자기를 거부했었다.

타자기를 발명한 회사인 레밍턴Remington이 캘리그래피 컴퍼니Caligraph Company에 타자기 제조 기술을 팔고 두 회사가 경쟁적으로 판매에 나서자 비로소 타자기에 대한 저항이 무너졌다. 제로그래피Xerography(카본지를 사용하지 않고 빛을 사용해 이미지, 즉 일종의 그림자를 종이에 옮겨 복사하는 방식—역자주)도 처음 등장했을 때 같은 문제에 직면했고 다른 발명품들도 비슷한 싸움을 치러야 했다.

로버트 풀턴Robert Fulton은 증기선을 발명했다. 돛으로 가는 배를 증기로 가는 배로 바꾼 것이다. 그의 공책에서 발췌한 내용을 소개하겠다. "내가 개발한 증기선을 건조 중인 조선소를 매일 왔다 갔다 하면서 낯선 이들이 모여 있는 곳 근처를 어슬렁거렸다. 그리고 새로운 증기선을 두고 그들이 하는 다양한 말을 들었다. 한결같이 멸시, 조롱, 경멸의 말이었다. 나를 희생물로 삼아 심하게 비웃었다. 그들은 손실이나 비용을 쓸데없이 꼼꼼하게 계산하고 풀턴의 멍청한 짓이 반복되고 있다며 아무렇지도 않게 농담했다. 긍정적이거나 희망적인 말은 전혀 없었다. 잘됐으면 좋겠다는 말도 전혀 듣지 못했다." 당신도 무언가 새로운 것을 시도할 때 그러한 반응을 예상해야 한다.

심술궂은 마음이나 뿌리 깊은 시기심 때문에 사람들은 기존 방식과 다른 새로운 아이디어나 계획이 실패할 것이라고 생각한다. 또는 그렇게 되기를 바란다. 에머슨은 "피타고라스는 오해를 받았다. 소크라테스, 예수, 루터, 코페르니쿠스, 갈릴레오, 뉴턴 등 순수하고 현명한 영혼은 모두 오해를 받았다. 위대함은 오해를 받는다."라고 말했다.

우리가 자주 잊는 사실이 있다. 가장 탁월한 사람, 위대한 작가, 훌륭한 교사는 그들 시대에 폭력적인 반대에 부딪혔다는 것이다. 그들은 세상이 돌아가는 방식과 충돌했다. 사람들은 자신이 직접 하지 못하는 일을 남이 하면 그걸 잘 받아들이지 못한다.

노먼 커즌스Norman Cousins는 앞으로 가장 큰 문제는 물적 자원의 낭비가 아니라 인적 자원의 낭비라고 했다. 위대한 사람의 혁신을 무시하는 것만큼 뼈아픈 인적 낭비가 어디 있겠는가?

그렇다면 실패란 무엇인가? 누군가가 실패했다는 말은 잘못됐다. 평생 또는 영원히 다수의 사람에게 인정받는 사람은 없기 때문이다. 성공이나 실패는 다른 사람의 의견과는 전혀 상관없다. 오직 자신에 대해 스스로 어떻게 생각하는지 또 자신이 하는 일을 스스로 어떻게 판단하는지와만 관련 있다.

유일하게 실패자라고 부를 수 있는 사람은 어떤 일에서도 성공해 보려고 노력하지 않은 사람이다. 성공은 성취에 있는 것이 아니다. 성공은 노력하고 확장하고 시도하는 데 있다. 스스로 가치 있게 여기는 행동을 계획하고 목표를 이루기 위해 나아가는 사람은 그 즉시 성공한 사람이 된다.

◎

당신의 인생에서 이룬 성취를 생각해 보라.
그 성취를 당연한 것으로 여기는가?

◎

결과와 상관없이 시작한 일을 완수했는가?

◎

너무 성급하게 포기하지 않았는가?

◎

성공하지 못한 일들을 재평가하고
그 일들을 다시 시도해 볼 가치가 있는지 판단하라.

기꺼이 위험을 감수할 때 오히려 안전해진다

지나치게 안전하게 일을 하려는 사람이 가장 위험하다. 왜 그럴까? 장기적으로 볼 때 가장 확실한 안정성을 획득하는 사람은 안전을 추구하는 사람이 아니라 오히려 지혜롭게 위험을 감수할 줄 아는 사람이기 때문이다. 위험 감수의 중요성을 아는 사람이 가장 현명한 사람이다.

제2차 세계대전 중 심리학자 엘리스 폴 토런스Ellis Paul Torrance는 태평양 상공에서 전투를 펼쳤던 미국 최고의 용사들을 연구했다. 그는 그들의 최대 강점이 '위험을 감수하는 능력'이라고 기록했다. 하늘의 용사들은 평생 자신이 지닌 능력의 한계를 테스트했다. 이 공군들의 일대기를 보면 우선 사고에 대한 대처력이 매우 높았다. 교전 중 사상자의 수도 위험을 피하며 운행하는 조종

사보다 더 낮았다. 토런스 박사는 이렇게 말했다. "살아가는 것 자체가 위험한 숙명이다. 우리가 위험을 피하는 데 보내는 시간의 절반 정도만 위험을 감수하는 법을 배우는 데 쓴다면 살면서 두려움을 느낄 일이 거의 없을 것이다."

삶의 모든 영역을 보면 성공한 사람은 대부분 위험 감수자이다. 즉 그들은 자기 생각을 믿고, 목표를 향해 나아가고, 스스로 옳다고 믿는 것을 옹호할 위험을 감수한다. 그들은 자신의 신념 때문에 남과 달라질 위험을 무릅쓴다. 이런 경향 때문에 한동안은 조금 힘겨울 수 있다. 하지만 결국에는 게임에서 앞서 나간다. 위험 감수자는 실패가 아무런 문제가 되지 않는다는 사실을 알고 있다. 하지만 안전지대에만 머무는 사람은 실패가 인생의 종말과도 같다고 생각한다.

위험 감수자는 무모한 사람이 아니다. 제2차 세계대전에서 활약했던 미국 공군들의 이야기를 다시 해 보자. 그들은 위험을 감수할 줄 알았지만 그와 동시에 자신이 모는 전투기, 장착된 무기, 설비 등을 지나칠 정도로 까다롭게 정비하기도 했다. 실전에 나가기 전에 최선을 다해 준비했으며 지시와 배운 내용을 그대로 적용하기 위해 고도의 훈련을 거쳤다. 하지만 적을 만나면 즉각 책임지고 공격을 가했다.

많은 경우 최고의 방어는 최고의 공격이다. 축구에서 최고의 수비는 공격수를 압박하는 것이다. 폭풍우가 몰아칠 때 안전한 장소로 피신하지 못한 선박들은 차라리 맹렬한 파도가 몰아치는 바다로 나가는 편이 낫다. 항구에 머무는 선박은 강풍에 닻이 끌려 해변이나 방파제 위로 휩쓸릴 수도 있기 때문이다.

따라서 위험을 무릅쓰는 것처럼 보이는 행동은 우리가 따라야 할 가장 현명한 행동일 수 있다. 그런 행동은 안전을 보장해 준다. 반면 가장 안전하게 보이는 행동은 재앙으로 이어질 수 있다. 설령 그렇지 않더라도 안전지대에만 머물려고 하면 더 나은 곳으로 나아가지 못한다.

실연을 당한 한 젊은 여성이 자기 어머니에게 다시는 누군가를 사랑하지 않겠다고 말했다. "사랑은 상처만 남기는 것 같아." 그녀의 말에 어머니는 이렇게 답했다. "누군가를 사랑하지 않으면 그건 삶이라고 할 수 없단다." 실연의 아픔 또한 성공하는 사람이 기꺼이 감수하는 위험 중 하나이다.

살아가다 보면 누구나 날마다 위험을 감수한다. 어떨 때는 무시해도 될 정도의 위험만 감수하지만, 어떨 때는 상당히 큰 위험을 감수하기도 한다. 마땅히 감수해야 하는 위험도 있고, 있는지조차 인식하지 못하는 위험도 있다. 그렇다면 위험한 상황에 직면했을 때 위험을 무릅쓰고 나아가야 할지 아니면 가만히 있어야 할지 어떻게 판단할 수 있을까?

스스로 판단하기 어려운 상황이라면 목표를 재평가해야 한다. 이런 질문을 스스로 해 보라. 무엇을 달성하려고 하는가? 무엇을 위해 노력하는가? 위험을 무릅쓰고 한 일이 잘되면 목표를 이루는 데 도움이 되는가?

가끔 쓰레기통에
걸려 넘어지는 날도 있다

조이스 브러더스Joyce Brothers 박사는 두려워하는 사람들을 위해 훌륭한 조언을 했다. 브러더스 박사는 누구나 두려움을 쉽게 느낀다고 말했다. 정상적인 두려움은 우리를 보호해 주며 위험이 존재한다는 경고 신호를 보낸다. 두려움이 전혀 없는 사람은 현명한 사람이 아닐 것이며 다른 사람보다 일찍 죽을 가능성이 있다. 하지만 부적절한 두려움은 성공과 발전을 가로막는다. 사랑과 일을 망치고 인간관계를 방해할 수 있다.

브러더스 박사는 혁신과 창조에는 위험이 수반된다고 말했다. 위험과 실패를 두려워하는 사람은 자신의 발전을 스스로 막는다. 사실 감정적으로 건강한 사람은 도전적인 삶을 원한다. 여러 연구에 따르면 극도로 조심스러운 사람은 삶 자체를 두려워하는 경향이 있다. 성공할 가능성이 있는데도 위험 감수를 두려워하는 사람이 그런 사람이다. 물론 삶은 일종의 도박이다. 하지만 두려움에 빠진 사람은 일이든 사랑이든 어느 것도 성취할 수 없다.

브러더스 박사는 그런 사람들에게 실패를 연습하라고 제안한다. 누구든 사무실에 들어오면서 쓰레기통에 걸려 넘어질 수 있다. 그 모습을 보고 사무실에 있던 모든 사람이 웃는다. 넘어진 사람도 함께 웃는다. 얼마나 자유로운 광경인가! 박사는 **두려움이 큰 사람일수록 의도적으로 실패를 연습해야 한다**고 말한다. 그래야 가끔 실패해도 그것이 수치가 아니라 삶의 정상적인 모습임을 알게 된다고 말이다.

라디오 방송을 처음 시작했을 때 나는 당시 어린이들에게 인기 있었던 방송인 〈스카이 킹Sky King〉의 주연을 맡았다. 이후로는 공개 석상에서 학생들을 만나 달라는 요청도 종종 받았다. 한번은 행사에 참석하기 위해 비행기를 타고 미시간으로 갔다. 그곳에서 수백 명의 학생을 만나 사인을 해 줄 예정이었다.

2인승 경비행기에 올라탄 나는 〈스카이 킹〉에서 내가 맡은 역할로 아이들 앞에 등장하고 싶어서 모자에서부터 카우보이 부츠, 건 벨트까지 착용해 완벽한 카우보이의 모습으로 변신한 상태였다. 어색한 의상을 입은 채 비행기에서 내리려고 조수석에서 일어섰다. 근처에는 수백 명의 학생이 내가 빨리 등장하기를 기다리고 있었다. 그런데 하필 부츠가 조수석 홈에 걸리는 바람에 나는 그대로 비행기 날개로 넘어지고 말았다. 그러고는 날개 끝부분까지 굴러와서 땅에 떨어졌다. 허리에 찬 총은 나뒹굴고 모자는 저 멀리 굴러갔다. 죽음의 정적이 아이들을 덮쳤다. 아이들의 영웅이 쓰러져 땅에 누워있는 것이었다! 영웅이 비행기에서 제대로 내리지도 못하다니!

나는 떨어져 있는 총들을 주섬주섬 챙기고 모자를 집어 썼다. 그리고 멋쩍은 표정으로 씩 웃으며 아이들에게 다가갔다. 모두가 유쾌하게 웃었고 나는 사인을 해 주었다. 행사가 놀라울 정도로 잘 진행된 것은 두말할 것도 없다. 시카고로 돌아오는 비행기에서 나는 이런 생각을 했다. '아이들은 자주 넘어지니 넘어진 내게 쉽게 공감을 해 주었겠구나.'

유머 감각을 잃지 말라. 당신의 실수를 보고 사람들이 웃을지는 몰라도 그들은 당신이 생각하는 것보다 더 친절하고 관대하다. 위험과 실수는 삶의 일부이다. 이따금 하게 되는 실패도 그렇다. 그러다가 성공이 찾아오는 것이다. 대부분의 성공이 그렇게 이루어진다.

“위험과 실수는 삶의 일부이다.
이따금 하게 되는 실패도 그렇다.
그러다가 성공이 찾아오는 것이다.
대부분의 성공이 그렇게 이루어진다.”

8장

긍정적 마인드셋을 갖춰라

"실제로 세상에서 가장 위대한 성공을 이루는 사람들은
좋은 것들만 기억하는 상태에 머무른다."

지금 당신의 삶이 힘든 이유는 무엇인가?

두 명의 어린 소년이 알코올 중독자 아버지 밑에서 자랐다. 성인이 된 그들은 집을 떠나 각자의 삶을 꾸려 갔다. 여러 해가 지난 후 형제는 우연한 기회에 한 심리학자와 인터뷰를 하게 됐다. 심리학자는 알코올 중독이 결손 가정의 아이들에게 미치는 영향을 분석하고 있었다. 연구 결과를 보면 이 두 형제에게 두드러진 차이가 있었다. 한 사람은 철저하게 금주를 하며 건전한 생활을 했고 다른 한 사람은 자신의 아버지처럼 심각한 알코올 중독자가 되었다. 심리학자는 형제에게 어떻게 그런 생활을 하게 되었느냐고 각각 물었다. 그들은 똑같이 대답했다. "선생님의 아버지가 내 아버지와 같다면 어떻게 사시겠어요?"

이 이야기를 소개한 사람은 '스트레스의 아버지'로 세계적으로 유명한 캐나다의 의사이자 과학자 한스 셀리에Hans Selye 박사였다. 의학의 선구자인 그는 생물학적 스트레스를 연구하는 데 평생을 바쳤다. 그리고 알코올 중독자 아버지의 두 아들 이야기를 〈뉴 리얼리티New Realities〉의 기사에서 언급했다. 이 이야기는 스트레스, 건강, 인간의 행동에 함축된 가장 중요한 규칙을 보여준다. R. H. 슐러R. H. Schuller는 이렇게 말했다. "삶의 결과가 달라지는 이유는 인생에서 일어나는 일 때문이 아니다. 경험하는 각 사건에 어떻게 대처하느냐가 결과를 다르게 만든다. 똑같은 문제에 맞닥뜨리더라도 어떻게 대처할지, 즉 그 상황에서 긍정적인 것을 찾을지 부정적인 것을 찾을지는 각 개인에게 달렸다."

스트레스 요인이 있다고 해서 꼭 스트레스가 발생하는 것은 아니다. 각자가 그 스트레스 요인을 어떻게 인식하고 해석하고 평가하느냐에 따라 스트레스를 받을 수도 있고 그렇지 않을 수도 있다. 어떤 사건이나 특정한 사람을 바라보는 방식에 따라 남보다 더 큰 스트레스를 받을 수도 있다는 말이다. 스트레스 요인이 같더라도 거기에 대처하는 반응은 사람마다 다르다.

그렇다면 당신의 스트레스 요인은 무엇인가? 외부 사건이나 사람들 때문에 스트레스를 받는가? 혹은 어떤 문제에 대해 다른 사람과 생각이 달라 기분이 나쁜가? 이 점을 생각해 보자. **우리의 신체 내부 또는 우리 주변에는 늘 미생물이 존재한다. 그런데 우리가 스트레스에 노출되기 전에는 그 미생물이 병을 일으키지 않는**

다. 그렇다면 병의 원인은 미생물인가 스트레스인가?

바소위츠Harold Basowitz, 퍼스키Harold Persky, 코친Sheldon J. Korchin, 그린커Roy R. Grinker가 공동으로 저술한 《불안과 스트레스Anxiety and Stress》에서는 스트레스의 원인에 대해 이렇게 말한다. "어떤 상황에서 스트레스가 발생하는 근본적 이유는 그 상황을 스트레스를 받을 만한 상황이라고 인식하기 때문이다. 그러한 인식은 다양한 요인에 의해 좌우된다. 유전적 성질, 개인적 필요와 갈망, 어린 시절부터 길들여진 생각, 다양한 인생 경험, 문화적 압력 등에 따라 어떤 상황을 긍정적으로 인식하는지 부정적으로 인식하는지가 달라진다. 이 중 어느 특정한 요인이 더 큰 영향을 미친다고 할 수는 없다. '스트레스 장애'의 공통점은 자신에게 위협이 되는 상황에 반응한다는 것이다."

스트레스에 대한 정확한 지식으로 무장하라. 그러면 스트레스를 주는 상황에 대처하는 능력이 크게 개선될 것이다. 누군가에게는 가혹한 세상이 또 다른 누군가에게는 도전과 기회로 가득 찬 세상일 수도 있다. 잔인한 세상이냐 흥미진진한 세상이냐는 우리가 어떤 자세로 세상을 바라보느냐에 달렸다.

짙은 안개도 모아 보면 고작 물 한 컵이다

미국 상무성의 표준국The Bureau of Standards에 따르면 "도시의 7개 구획을 뒤덮고 곳곳에 스며들어 있는 짙은 안개는 물 한 컵의 양도 안 된다." 다시 말해서 그 넓은 지역 곳곳을 뒤덮은 안개를 모두 모으면 컵 하나에 담을 수 있다는 말이다. 아마 한 컵을 다 채우지도 못할 것이다. 이는 우리가 하는 걱정에 비할 수 있다. 미래를 내다보고 통찰력을 발휘해 문제를 바라보라. 그러면 작은 문제들에 눈이 멀어 이 세상과 삶 자체를 제대로 보지 못하는 일이 없을 것이다. 오히려 문제의 실체를 정확히 보고 지나치게 부풀리지 않게 된다. **모든 걱정을 한데 모으면 물 한 컵에 다 담을 수 있을 것이다.**

나이가 들면서 걱정이 줄어든다는 것은 잘 알려진 사실이다.

세월이 흐르고 많은 문제를 겪으면서 우리는 대부분의 걱정이 지나치게 고민할 문제가 아니라는 점, 그리고 중요한 문제들은 어떻게든 해결할 수 있다는 점을 배운다.

이와 반대로 흔히 젊은 사람들의 삶은 걱정의 안개로 뒤덮여 있다. 하지만 한 권위 있는 조사 기관에서는 걱정에 대해 이렇게 평가했다. 걱정의 40퍼센트는 절대 발생하지 않는다. 즉 당신이 하는 걱정의 40퍼센트는 절대 일어나지 않을 것이다. 그리고 걱정의 30퍼센트는 걱정해도 달라지지 않는 과거 또는 지나간 문제다. 또 12퍼센트는 건강에 대한 불필요한 걱정이고, 10퍼센트는 사소하고 잡다한 걱정이다. 걱정의 8퍼센트가 걱정할 만한 진짜 걱정이다. 이 8퍼센트의 걱정만 걱정할 가치가 있다. 나머지 92퍼센트는 실체가 없는 안개일 뿐이다.

남편이나 아내는 과거의 일이나 배우자의 말을 곱씹으며 마치 미라를 발굴하듯 그 일들을 계속 끄집어낸다. 아무리 화목한 가정이라도 그런 식으로 꼬투리를 잡으면 엄청난 문제를 만들 수 있다. 그렇게 과거 일들을 차곡차곡 쌓아 두거나 화가 난 상대방이 불쑥 내뱉은 말과 사소한 무시, 실수를 하나도 잊지 않는다면 그 결혼 생활은 파탄에 이를 것이다.

가정불화의 가장 큰 원인은 돈 걱정이다. 하지만 돈은 그렇게 큰 문제가 아니다. 오히려 만족의 근원이 될 수 있다. 수입의 한도 내에서 생활하고 번 돈의 일부를 저축하는 방법을 배우기만 하면 된다. 물론 쉽지 않지만 그렇게 하면 돈 걱정을 없애고 부부 싸움도 거의 안 하게 될 것이다. 벤저민 프랭클린은 돈 문제를 해결하는 데에는 두 가지 방법이 있다고 말했다. 한 가지는 수입을 늘리는 것, 즉 돈을 더 많이 버는 것이다. 또 한 가지는 욕구를 줄이는 것이다. 둘 다 효과가 있다. 하지만 가장 좋은 방법은 그 두 가지를 동시에 하는 것이다. 돈을 더 벌 방법을 찾고 원하는 것은 줄여라. 그렇게 하면 수입의 한도 내에서 행복하게 살 수 있으며 충분히 저축할 수 있을 것이다.

유머를 무기로 인생에서 승리하라

나이가 들면서 삶을 더욱 풍요롭게 해 주는 방법이 있다면 바로 유머 감각을 기르는 것이다. 사실 유머 감각은 반드시 길러야 한다. 누군가에게 훌륭한 유머 감각이 없다면 전염병에 걸린 사람을 피하듯 그 사람을 피하는 게 상책이다.

호러스 월폴Horace Walpole은 이렇게 말했다. "지금까지 내가 보고 들었던 심각한 일은 모두 사소하고 엉터리였다." 새뮤얼 버틀러Samuel Butler는 이렇게 말했다. "인간이 지녀야 할 중요한 신념이 하나 있다면 그것은 이 세상에 심각한 것은 아무것도 없다는 믿음이다." 그리고 이렇게 말하기도 했다. "심각함은 경박한 사람들의 유일한 피신처다." 오스카 와일드Oscar Wilde도 이렇게 말했다. "가장 진지하게 일하는 사람이 최악의 성과를 내놓고 매우 심각한 사람이 아무 일도 못 한다는 것은 신기한 사실이다."

군 복무 시절 나는 웃지 말아야 할 때 웃음을 참는 일만큼 어려운 게 없었다. 예를 들어 사령관의 순시 때마다 나는 웃음을 참느라 미칠 지경이었다. 군대, 특히 고위 간부의 심각함보다 더 웃긴 것은 없었다. 화려한 장식이 달린 반듯한 제복부터 번쩍이는 칼, 심각한 얼굴까지 그 모든 게 정말 웃기고 재미있었다.

심각한 상황이 있을 수는 있다. 아이가 아프거나 다쳤다면 또는 누군가가 자신의 배우자를 욕했다면 그런 상황은 당연히 심각한 상황이다. **하지만 상황이 심각하다고 나 자신까지 심각해져야 하는 것은 아니다.** 그건 다른 일이다.

나는 어니스트 헤밍웨이Ernest Hemingway의 작품을 좋아한다. 하지만 좋아하는 만큼 거슬렸던 사실은 그가 너무 심각하다는 점이었다. 그는 웃을 줄 모르는 사람처럼 보였다. 아마 그런 성격 때문에 힘들었던 적도 많을 것이다.

지나치게 심각한 사람은 조금 멀리해야 한다는 사실을 나는 경험으로 알게 됐다. 그런 사람은 분명히 어딘가에 문제가 있다. 반대로 아이들은 특유의 천진난만함 때문에 더 사랑받는다. 어린아이들에게 인생은 게임이다. 아이들은 무엇을 시키든 언제나 열심히 하면서도 활기찬 유머 감각을 잃는 법이 없다. 아이들의 눈에는 늘 생기 어린 유머감이 있다. 그렇지 않은 아이가 있다면 도움이 필요한 아이다.

독재자들은 하나같이 유머 감각이 없기로 유명하다. 세상의 어떤 것에도 재미를 발견하지 못한다는 점이 잔인한 사람의 특징이다. 반대로 마크 트웨인Mark Twain의 위대한 특성은 유머 감각이었다. 그 아무리 심각한 문제라도 거기서 유머를 찾아내 보여주었다. 윌 로저스Will Rogers 역시 마찬가지였다. 훌륭한 코미디언들은 모두 유머 감각을 지니고 있어 심각한 상황에서도 재미를 찾아낸다. 그들은 스스로를 웃음거리로 만들기도 한다. 어떤 사람들은 오직 유머 감각만이 인간이라는 종의 멸종을 막아 준다고 믿는다.

균형 감각을 지니고 감정적으로 건강한 사람들은 쾌활하다. 그들은 어떤 상황에서도 밝은 면을 보는 경향이 있으며 일상생활에서 유머 감각을 발휘한다. 그렇다고 지나친 낙천주의자는 아니다. 그들은 상황이 어떻게 진행되는지 알고 있으며 재미있는 일이 전혀 없다는 것도 안다. 하지만 어두운 면이 자신의 삶을 지배하도록 허락하지 않는다.

새뮤얼 버틀러는 "다른 사람의 부조리뿐 아니라 자신의 부조리까지 들춰내는 강력한 유머 감각은 모든 범죄를 막아 준다. 아니, 범죄를 저지를 자격이 있는 사람도 있을 테니 거의 모든 범죄를 막아 준다고 하자."라고 말했다(새뮤얼 버틀러의 《에레혼》에서는 질병이 죄악으로 간주되어 병자는 감옥에 갇히는 반면 범죄자는 일말의 죄의식도 느끼지 않는다. 그래서 버틀러는 범죄를 저지를 자격이 있는 사람이라는 표현을 썼다.—역자주). 이런 글을 쓰려면 유머 감각이 필요하다. 유머를 느껴야 할 때 아무 감정도 못 느끼는 사람만 그러한 유머를 불쾌하게 여길 것이다. 웃음에는 건강한 요소가 있다. 특히 자신을 웃음거리로 삼을 때 그렇다. 이런 형태의 유머 덕분에 찰리 채플린Charlie Chaplin부터 잭 베니Jack Benny, 밥 호프Bob Hope 등 많은 코미디언이 성공했고 오랜 인기를 누렸다.

영화 〈시에라 마드레의 보석The Treasure of Sierra Madre〉의 멋진 결말이 기억난다. 주인공들은 몇 달 동안 허리가 부서지게 금을 캤고 강도의 습격 때문에 끊임없이 생명의 위협을 느꼈다. 그러다 결국 모든 금이 사라지고 자신들이 처음처럼 빈털터리가 되었음을 알게 된다. 그리고 느닷없이 웃음을 터뜨린다. 거의 숨이 넘어갈 정도로 웃는다. 어이없는 상황과 그동안 품었던 탐욕을 그제야 제대로 보게 된 것이다. 그들이 헤어져 각자의 길을 가게 되면서 비로소 모든 것이 제자리로 돌아온다.

아무리 웃으려 해도 웃을 수 없는 심각한 시기가 누구에게나 있다. 하지만 그 시기가 오래 지속되게 해서는 안 된다. 유머 감각을 잃지 말라. 웃지 않으면 자신이 우스워진다. 그다음에는 온 세상을 상대로 질 수밖에 없는 전쟁을 치러야 한다.

✦

"유머 감각을 잃지 말라.

웃지 않으면 자신이 우스워진다.

그다음에는 온 세상을 상대로

질 수밖에 없는 전쟁을 치러야 한다."

매일 되새겨야 할 인생의 12가지 지혜

지금부터 당신이 기억해야 할 12가지 교훈을 소개하겠다. 누가 쓴 것인지는 알려지지 않았다.

1. **시간은 귀중하다.**
2. **인내하는 사람이 성공한다.**
3. **일의 즐거움을 맛보라.**
4. **단순함이 중요하다.**
5. **인격의 가치를 인식하라.**
6. **강력한 본을 보여라.**
7. **삶의 영향력을 행사하라.**
8. **의무를 지켜라.**

9. 경제적 지혜를 쌓아라.

10. 참을성의 미덕을 나타내라.

11. 재능을 향상시켜라.

12. 시작하는 기쁨을 맛보라.

훌륭한 교훈이지 않은가? 이 목록을 적어 지니고 다니면서 수시로 봐도 좋을 것이다. 윌 로저스의 말처럼 "우리 중 누구도 자신이 아는 모든 것을 기억할 정도로 똑똑하지 않다." 그래서 지속적으로 상기해야 한다.

'시간은 귀중하다.' 처음에는 이 말을 일할 때 적용해야 한다고 생각할 수 있다. 하지만 일하는 시간은 우리 삶에서 일부에 지나지 않는다. 따라서 일하지 않는 시간에도 이 말을 적용해야 한다. 생각하고, 꿈꾸고, 쉬고, 책 읽고, 걷고, 좋아하는 취미에 빠져 있는 시간에도 시간의 귀중함을 인식해야 한다. 유익하지 않고 즐겁지 않은 일에 시간을 낭비하지 마라.

'인내하는 사람이 성공한다.' 인내하면 무엇이든 이룰 수 있다. 내 친구 클레멘트 스톤Clement Stone은 톰의 이야기를 해 주었다. 톰은 오른쪽 발가락이 없고 오른팔도 일부만 붙어 있는 상태로 태어났다. 어렸을 때 톰은 다른 남자아이들처럼 운동하고 싶어 했다. 특히 축구에 대한 강렬한 열망이 있었다. 톰의 열망이 몹시 간절해 그의 부모님은 의족을 만들어 주었다. 나무로 만들어진

의족이었는데, 거기에 특이하고 뭉툭하게 생긴 축구화를 신겼다. 톰은 날마다 한 시간도 허투루 보내지 않고 나무 발로 공을 차는 연습을 했다. 점점 더 먼 곳까지 공을 차기 위해 연습하고 또 연습했다. 마침내 축구에 탁월해진 톰은 뉴올리언스 세인츠New Orleans Saints에 입단했다. 오른발에 발가락이 없고 한쪽 팔이 짧은 상태로 태어난 사람이 프로 축구 선수가 될 가능성이 얼마나 될 것이라고 생각하는가? 톰 뎀프시Tom Dempsey는 디트로이트 라이언스Detroit Lions와의 경기에서 경기가 종료되기 불과 몇 초 전에 불구의 다리로 프로 축구 역사상 가장 긴 장거리 공을 차 세인츠에 승리를 안겨 주었다. 그때 미국 전역에서 6만 6910명에 이르는 축구팬의 함성이 들렸다. 그날 세인츠는 라이언스를 19대 17로 이겼다. 라이언스 팀의 코치 조지프 슈미트Joseph Schmidt는 "세인츠에 기적이 일어나 우리가 졌다."라고 말했다. 하지만 그들은 톰의 인내에 진 것이다.

'일의 즐거움을 맛보라.' 일에서 얻는 즐거움은 대개 일을 완수한 후에만 느낄 수 있다. 그런 즐거움은 다른 데서는 찾을 수 없다.

'단순함이 중요하다.' 더 많은 사람이 일을 단순하고 쉽고 솔직하게 하는 법을 배울 수만 있다면 좋을 것이다. 건축에서부터 생활까지 모든 면에서 단순한 게 최고다.

'인격의 가치를 인식하라.' 인격의 가치는 말할 필요도 없다.

자신의 삶과 자기 자신의 가치를 높이는 한 가지 방법이 있다. 바로 훌륭한 인격을 갖추는 것이다.

'강력한 본을 보여라.' 부모의 모습은 자녀의 삶에 엄청난 영향을 미친다. 부모의 모습이 학교에서 배우는 것들보다 훨씬 더 강력하다. 비법은 이것이다. 말하지 말고 몸소 보여 줘라.

'의무를 지키는 일'은 의미 있는 삶을 살게 해 준다.

'경제적 지혜를 쌓아라.' 이 말은 단순함의 중요성과 관련된다. 경제적으로 지혜로운 선택을 할 때 모든 것이 단순해진다.

'참을성의 미덕을 나타내라.' 이 세상에서 일어나는 문제의 절반은 참을성을 발휘하면 막을 수 있는 일들이었다. 조금만 기다리면 웬만해서는 일이 다 잘 풀린다.

'재능을 향상시켜라.' 이것이 바로 우리가 자유의지로 선택한 일에서 발전하고 성장하는 방법이다.

그리고 '시작하는 기쁨을 맛보라.'

훌륭한 교훈이다. 이 12가지를 꼭 기억하라.

당신은 오늘 하루 중 어떤 장면을 기억하겠는가?

자연에 있는 모든 것에는 두 가지 면이 있다. 좋은 면과 나쁜 면, 긍정적인 면과 부정적인 면이다. 이 개념은 수천 년 전 중국 철학의 음양 사상에서 비롯되었다. 양은 좋은 것, 언덕의 양지바른 곳을 말한다. 반대로 음은 언덕의 그늘진 곳, 즉 어두운 면을 말한다. 우주에 존재하는 모든 사물에는 이중성이 있다. 비는 농작물에 물과 영양분을 주지만 홍수도 일으킨다. 불은 집을 따뜻하게 해 주고 요리하는 데에도 사용되지만 통제되지 않으면 끔찍한 피해를 가져온다.

그렇다면 기억의 좋은 면과 나쁜 면에 관해 생각해 본 적이 있는가? 우리의 기억력은 실제로 매우 짧다. 잠재의식은 모든 것을 기억하겠지만 의식은 금방 잊는다. 우리는 나쁜 일을 잊어버린다. 그건 좋은 점이다. 자신의 실패, 실수, 바보 같은 짓, 자신이 초래한 고통, 놓친 기회, 상대가 원할 때 표현하지 못한 사랑 등을 잊어버린다. 이러한 기억들은 필터로 걸러지듯 시간이 지나면서 의식적 기억에서 깨끗이 사라진다.

하지만 안타깝게도 우리는 좋은 것도 함께 잊어버린다. 이건 나쁜 점이다. 매일 잘 따르기만 하면 우리에게 원하는 성공을 안겨 줄 원칙과 시스템을 망각한다. 말 그대로 성공적인 삶을 사는 방법을 잊어버리는 것이다.

만약 기억을 잊지 않게 해 주는 끔찍한 장치가 있어서 과거의 모든 실패나 실수가 끊임없이 떠오른다면 우리는 우울함, 두려움, 슬픔이 사라지지 않는 상태에서 살게 될 것이다. 상상만으로도 지옥이 따로 없다. 하지만 우리에게는 스스로를 지옥으로부터 구출해 주는 망각이라는 특징이 있다.

그런데 어떤 탁월한 장치가 있어서 좋은 것들만 기억할 수 있다면, 또 자신과 사회에 도움이 되는 원칙 또는 시스템을 계속 상기할 수 있다면 어떨까? 우리는 낙천주의, 열정, 희망이 가득한 상태에서 살게 될 것이다. 그리고 성공이 성공을 부를 것이다.

실제로 세상에서 가장 위대한 성공을 이루는 사람들은 좋은 것들만 기억하는 상태에 머무른다. 그들은 마음을 점검하며 자신이 무엇을 하는지, 어디로 가는지 늘 상기한다. 그들은 날마다 특정한 방식으로 특정한 일을 하면 목표를 달성할 것이라는 사실을 확실하게 알고 있다.

우리도 그렇게 해야 하지만 환경이 방해한다. 대부분 나쁜 소식으로 채워진 뉴스가 우리에게 부정적인 영향을 미친다. 세상에는 좋은 일도 일어나지만 신문이나 TV 뉴스는 그런 좋은 소식들로 채워지지 않는다. 왜 그렇게 바보 같은 방식을 고수하는지 모르겠다. 뉴스를 장식하는 기사들을 보면 부정적인 것투성이다. 전쟁, 살인, 범죄, 재난, 사고, 사기, 스캔들이 끊이지 않고 보도된다. 게다가 뉴스를 진행하는 사람들은 대부분 너무 판에 박혀 있다. 균형 감각을 훈련받지 못한 탓에 부정적인 면에 초점을 맞춰 말하고 행동하는 경향이 있다. 우리는 그들의 영향을 받을 수밖에 없다. 환경에 맞춰 살아간다면 우리도 좋은 것을 망각하고 대부분 나쁜 일들만을 생각하며 지내게 된다. 이는 곧 고대 중국 언덕의 그늘진 어두운 곳, 즉 음에서 살아가게 된다는 뜻이다.

그렇다면 어떤 해결책이 있을까? 진정한 성공을 이룬 사람들을 본받으면 된다. 성공으로 이끄는 방법과 좋은 것을 날마다 되새길 방법을 찾아라. 그렇지 않으면 나쁜 것을 잊으면서 좋은 것도 함께 잊게 될 것이다.

자아실현을 이룬 사람들의 특징

성숙하고, 능력을 발휘할 줄 알고, 자아실현을 추구하는 사람은 어떤 모습일까? 완벽한 협조, 원활한 업무처리 능력, 행복함, 부지런함, 이상적인 삶을 보여 주는 모습일 것이다. 내적 갈등이나 콤플렉스, 노이로제가 없을 것이며 최고의 생산성을 자랑할 것이다.

에이브러햄 매슬로Abraham Maslow 박사는 자아실현을 추구하는 사람들을 연구했다. 그들의 특징은 다음과 같다.

우선 자아실현을 이룬 탁월한 사람은 **인생을 명확하게 보는 능력**이 있다. 그들은 소망하는 대로가 아니라 현실을 있는 그대로 본다. 상황을 감정적으로 보지 않고 객관적으로 판단한다. 사람들을 올바로 판단하고 가짜 정보를 분별하는 능력이 평균 이상이다. 또 배우자를 선택할 때에도 남들보다 더 나은 사람을 고른다. 그들은 미래를 더 정확하게 예측한다. 뛰어난 통찰력을 나타내며 미술, 음악, 정치, 철학에 대한 이해가 뛰어나다.

그런데도 겸손하다. 다른 사람의 말을 경청하며 자신이 다 알지 못한다는 사실을 인정한다. 그래서 다른 사람에게서 배우려 한다. **아이처럼 순진하며 거만하지 않은 것**이 그들의 특징이다. 아이들은 편견이나 속단 없이 다른 사람의 말을 잘 듣는 능력이 있다. 또 호기심이 가득하고 순진한 시각으로 세상을 바라보며 비판하지 않고 있는 그대로의 사실을 말하고 관찰한다. 어떤 문제를 두고 다투거나 다른 조건을 까다롭게 요구하지도 않는다. 어린아이처럼 자아실현을 추구하는 사람은 자신과 다른 사람에게서 인간의 순수한 본성을 찾는다.

매슬로의 연구에 따르면 자아실현을 추구하는 사람은 **한결같이 자신이 중요하다고 생각하는 일, 업무, 의무, 소명에 전념**한다. 그러한 일에 흥미를 느끼기 때문이다. 그들에게는 일과 놀이의 구분이 거의 없다. 일이 순수하게 설레고 재미있기 때문이다.

매슬로가 연구한 자아실현을 추구하는 사람의 공통적 특징 또 한 가지는 **창조성**이다. 창의적인 태도는 '건강함, 자아실현, 완전함'과 거의 같은 말이다. 어린아이와 다시 비교해 보면 자아실현을 추구하는 사람의 창조성은 아이들의 창조성과 비슷하다. 조롱에 대한 두려움을 학습하기 전에는 아이들에게 창조성이 있었다. 매슬로의 생각에 따르면 이러한 창조성은 나이가 들면서 너무 빠르게 시들어 버린다. 하지만 자아실현을 추구하는 사람은 새롭고 순진한 시선을 잃지 않는다. 설령 잃게 되더라도 다시 찾는다.

이들의 또 한 가지 특징은 **자발성**이다. 자아실현을 추구하는 사람은 감정 표현을 지나치게 억제하지 않는다. 자연스럽고 단순하게 자기 생각을 잘 표현한다. 당연히 그들에게는 **용기**가 있다. 고독한 창조의 순간에 필요한 자질인 용기는 일종의 대담함이다. 저항하고 도전하며 홀로 외롭게 앞으로 나아가는 데 필요한 특성이다. 따라서 그들은 새로운 아이디어를 열린 마음으로 겸손하게 받아들이는 동시에 새로운 아이디어를 지지하기 위해 기꺼이 인기를 포기한다.

자아실현을 추구하는 사람에게 **내적 충돌이 일어나는 경우는 드물다**. 자기 자신과 전쟁을 치르지 않으며 흔들리지 않는다. 이로 인해 생산적 과정에 더 많은 에너지를 쏟을 수 있다. 매슬로의 말에 따르면 "진실, 선, 아름다움은 사회 구성원들 사이에 끈끈한 유대가 있을 때만 시민들에게서 나타나는 특성이다. 하지만 신경증을 일으키는 사람은 그러한 유대감을 형성하지 못한다. 발전적이고 성숙한 사람, 자아실현을 추구하고 역량을 잘 펼치는 사람들에게서만 서로 긴밀히 협조하는 모습을 볼 수 있다. 그들은 실용적 목적을 위해서라면 하나로 결속한다." 다양한 연구 결과를 보면 정신이 건강한 사람은 창의성을 발휘해야 하는 어려운 도전이나 가치 있는 목표, 심각한 시련의 시기, 위급한 상황에 직면할 때 다른 사람들과 하나로 결속해 문제를 해결해 나간다.

심리적으로 건강한 사람은 이기적이면서 이타적이다. 솔직히 이 두 가지 태도는 하나로 귀결된다. 정신이 건강한 사람은 다른 사람을 도우면서 행복을 찾는다. 따라서 그런 사람들이 이타적인 행동을 하는 데에는 이기적인 목적이 담겨 있다. 타인의 기쁨을 볼 때 자신도 기쁘기 때문이다. 즉 이타적인 행동을 통해 이기적 즐거움을 얻는 것이다. 다시 말해서 건강한 사람은 건강한 방식으로 이기적이다. 이런 방식은 자신과 사회에 이롭다.

자아실현을 추구하는 사람의 특성은 무엇일까?
그들에게는 다음의 특성이 있다.

인생을 명확하게 보는 능력
어린아이 같은 단순함과 겸손
자신이 중요하게 생각하는 일에 대한 전념
어린아이 같은 창조성
자발성과 용기
낮은 수준의 내적 충돌
이기심과 이타성의 공존

어린아이의 눈으로 세상을 바라보라

성인이 되면서 우리 삶에 벌어지는 끔찍한 비극 중 하나는 세상을 감정의 눈으로 바라보는 어린아이의 놀라운 능력을 잃는다는 것이다. 어렸을 때 세상을 어떻게 바라보았는지 기억하는가? 그때 우리는 아주 사소한 것을 보면서도 멋지다며 신나서 펄쩍펄쩍 뛰었다. 현대 사회의 탐심에 물들지 않은 어린아이는 선물을 받으면 예쁜 포장지만 간직하고 그 안에 있는 물건에는 관심도 없다.

운 좋게도 나는 북부 캘리포니아에 있는 작은 농장에서 어린 시절을 보냈다. 그곳은 아름다운 지역이었다. 비가 내린 후 흙 내음을 맡을 수 있었고 모든 것이 이루 말할 수 없게 아름다웠다. 나무, 풀, 양귀비, 하늘, 구름, 새, 흙길의 물웅덩이까지 어느 것 하나 그냥 지나칠 수 없었다. 들이나 숲을 거닐 때마다 멋진 모험의 세계를 즐기는 기분이었다.

윌리엄 헨리 허드슨William Henry Hudson의 책을 읽은 적이 있다. 허드슨은 그 시대에 가장 위대한 자연주의자였을 것이다. 그의 책을 읽다가 이런 내용을 보았다. "감동은 마음속에서 생생하게 살아남을 수 있다. 심지어 삶의 끝까지 살아남기도 한다. 아이의 특성을 간직한 사람만 성인이 되어서도 감동을 마음에 품는다. 오직 그들만 눈에 보이는 세상에서 무한한 기쁨을 발견한다. 도시 밖에서 태어난 수백만 명의 행복한 아이들이 날마다 경험하는 것처럼 그들은 삶의 기쁨과 경이를 발견할 수 있다. 그것은 일종의 신비한 능력이다. 그런 경험을 자주 한다면 모든 사물을 초자연적 감각으로 바라보는 셈이다. 사실 영혼으로 세상을 바라보지 않으면 세상을 제대로 볼 수 없다. 영혼으로 보지 않으면 딱정벌레도, 풀잎 하나도 제대로 보지 못한다."

그래서 두 사람이 똑같은 풍경을 보고도 한 사람은 숨 막히는 아름다움에 놀라 입을 닫지 못하고 또 한 사람은 등을 돌려 가던 길을 간다. 이 사람은 눈에 보이는 풍경에서 아름다움을 보지 못한 것이다. 보고도 보지 못했다.

한번은 유럽에 갔다가 배를 타고 돌아온 적이 있다. 항해 중이던 어느 날 아침 갑판에 올라 아름답고 웅장한 섬을 보게 되었다. 살면서 그렇게 장엄한 광경은 처음이었다. 아조레스 제도Azores

에 있는 상미겔São Miguel 섬이었다. 갑자기 눈앞에 나타난 아름다운 광경에 나는 넋을 잃고 몇 분간 가만히 서 있었다. 그리고 아래로 달려가 아내와 아들을 데려와 그 광경을 보여 주었다. 아내와 아들도 아름다운 광경이라고 말했다. 하지만 내가 느낀 감정은 느끼지 못한 것 같았다. 아마 다른 경우에는 가족이 느끼는 감동을 내가 느끼지 못할 수도 있다. 허드슨의 말처럼 "**영혼으로 세상을 바라보지 않으면 아무것도 보지 못한다.**"

작가나 화가, 음악가 같은 예술가가 위대해지는 이유는 그들의 작품이 놀라운 마법을 발휘해 우리에게 현실적으로 다가오기 때문이다. 그럴 때 우리는 영혼으로 작품을 바라본다. 표현하기는 어렵더라도, 어린아이 시절을 거쳤다면 누구나 세상이 얼마나 경이롭게 작동했는지 기억할 수 있다. 이것이 비법이다. 그런 기억을 떠올리면 영혼으로 세상을 바라보는 능력을 발휘하게 될 것이다.

✦

"아이의 특성을 간직한 사람만

성인이 되어서도 감동을 마음에 품는다.

오직 그들만 눈에 보이는 세상에서

무한한 기쁨을 발견한다."

얼 나이팅게일의 전기

얼 나이팅게일은 대공황 시기에 어린 시절을 보내면서 지식에 대한 갈증을 느꼈다. 어린 소년이었을 때부터 그는 뉴욕에 있는 롱 비치 공립 도서관Long Beach Public Library에 자주 갔다. 그곳에서 자신이 품고 있던 질문의 답을 찾고 있었다. "아무런 강점도 없이 출발선에 선 사람이 어떻게 하면 자신의 목표를 이룰 수 있을까? 그리고 그 과정을 통해 어떻게 다른 사람을 도울 수 있을까?" 답을 찾고자 하는 그의 열망은 매우 강렬했다. 세상과 세상이 돌아가는 방식에 관심이 많고 호기심도 컸던 그는 자신의 열망과 호기심을 원동력으로 삼아 마침내 세계에서 가장 유명한 성공학 전문가가 되었다. 그는 사는 동안 알아낸 성공의 비밀을 사람들에게 전파하기 위해 힘썼다.

해병대에 복무하던 시절 그는 지역 라디오 방송국에 아나운서로 지원하면서 경력을 시작했다. 그리고 라디오를 통해 청취자들에게 자신이 호기심 많던 어린 시절에 발견한 아이디어들을 전했다. 해병대에 복무한 덕분에 생애 처음으로 여행할 기회를 얻기도 했지만, 해병으로서 간 여행은 1941년 일본이 진주만을 공습했을 때 하와이에 간 것이 전부였다. 나이팅게일은 일본의 진주만 공격 당시 침몰한 전함 애리조나호Arizona의 몇 안 되는 생존자 중 한 명이었다. 이후 해병으로 5년을 더 복무한 나이팅게일은 아내와 함께 피닉스로 이주했다가 그다음에는 시카고로 옮겨 가 라디오 방송에서 유능함을 인정받고 경력을 쌓아 나갔다. 그는 시카고의 WGN 방송에서 일일 해설 프로그램을 진행하면서 광고 수익을 받을 수 있는 계약을 체결했다. 1957년, 그는 35세의 나이에 은퇴를 결심할 정도로 큰 성공을 이루었다.

그 사이에 보험 회사를 인수한 나이팅게일은 영업 담당자들이 더 많은 수익을 올리도록 동기부여를 하는 데 많은 시간을 투자하기도 했다. 언젠가 그가 장기 휴가를 떠나기로 했을 때, 한 영업 책임자는 나이팅게일에게 동기부여를 위한 말들을 녹음해 달라고 부탁했다. 이 녹음물이 바로 100만 장 이상 판매되어 황금 레코드Gold Record를 수상한 세계 최초의 녹음 메시지인 '세상에서 가장 이상한 비밀The Strangest Secret'이다.

그 시기에 나이팅게일은 성공한 사업가 로이드 코넌트Lloyd

Conant를 만나 전자 출판사를 함께 설립했다. 그들이 세운 회사는 점차 성장해 자기계발 분야에서 수백만 달러를 벌어들이는 거대 기업이 되었다. 두 사람은 또 〈변화하는 세계Our Changing World〉라는 5분짜리 일일 라디오 프로그램을 제작했다. 이 프로그램은 라디오 방송 중에 가장 장수한 프로그램이 되었고 다른 방송사에 가장 많이 판매되기도 했다. 나이팅게일 코넌트사는 톰 피터스Tom Peters, 하비 맥케이Harvey Mackay, 나폴레온 힐Napoleon Hill, 레오 버스카글리아Leo Buscaglia, 데니스 웨이틀리Denis Waitley, 로저 도슨Roger Dawson, 웨인 다이어Wayne Dyer, 브라이언 트레이시Brian Tracy, 토니 로빈스Tony Robbins 등 수많은 유명 작가의 녹음테이프를 발매했다. 거기에는 개인의 삶과 직업에서 성공한 모든 리더의 메시지가 담겼다.

얼 나이팅게일은 1989년 3월 28일에 사망했다. 얼 나이팅게일이 사망했을 때 미국의 라디오 방송인 폴 하비Paul Harvey는 자신이 진행하는 라디오 방송에서 나이팅게일의 사망 소식을 전했다. "나이팅게일의 힘찬 목소리가 멎었습니다." 생전에 나이팅게일은 어린 시절 자신에게 영감을 주었던 질문의 답을 찾아냈다. 그는 귀중한 목표들을 이룰 수 있었으며 그 결과 다른 사람들을 위해 영원한 유산을 남길 수 있었다. 그는《성공의 정수》에서 정의한 성공적인 삶을 직접 일구었다. 그의 가까운 친구이자 아나운서인 스티브 킹Steve King의 말을 빌리면 "얼 나이팅게일은 새로운 것을 배우지 않고 지나가는 날이 단 하루도 없었다. 그리고 그렇게 배운 것을 다른 사람에게 전해 주었다. 나이팅게일을 사로잡은 강렬한 열정은 바로 거기에 있었다."

옮긴이 | 최은아
상명대학교 경제학과를 졸업한 후 교육회사에서 인사관리 및 교육프로그램 개발을 담당했다. 글밥아카데미를 수료한 후 현재 바른번역 소속 번역가로 활동 중이다.
옮긴 책으로는《퓨처 셀프》,《10배의 법칙》,《머니 룰》,《집착의 법칙》,《밥 프록터 부의 시크릿》,《슈퍼석세스》,《경제학자는 어떻게 인생의 답을 찾는가》,《나폴레온 힐 부자의 철학》,《부자 습관 가난한 습관》,《퍼스널 스토리텔링》,《공정한 리더》,《어른초년생의 마인드 트레이닝》,《더 원페이지 프로젝트》,《인생이 바뀌는 하루 3줄 감사의 기적》,《생각이 바뀌는 순간》 등이 있다.

생각을 현실로 만드는 긍정적 마인드셋

성공은 이미 내 안에 있다

초판 1쇄 발행 2024년 11월 29일

지은이 얼 나이팅게일
옮긴이 최은아
펴낸이 민혜영
펴낸곳 오아시스
주소 서울특별시 마포구 월드컵로14길 56, 3~5층
전화 02-303-5580 | **팩스** 02-2179-8768
홈페이지 www.cassiopeiabook.com | **전자우편** editor@cassiopeiabook.com
출판등록 2012년 12월 27일 제2014-000277호

ISBN 979-11-6827-251-4 03190

• 오아시스는 (주)카시오페아 출판사의 인문교양 브랜드입니다.
• 잘못된 책은 구입하신 곳에서 바꿔 드립니다.
• 책값은 뒤표지에 있습니다.